© Verlag
Zabert Sandmann GmbH
München
1. Auflage 1995
ISBN 3-924678-47-2

Fotografie	Foodbildagentur Eising AG
Graphische Konzeption	Reinhard Neuß
Konzeptionelle Mitarbeit	Pete A. Eising
Redaktion	Christina Kempe
DTP	Christina Kempe
Umschlaggestaltung	Zero, München
Lithografie	Kruse Reproduktionen, Vreden
Druck/Bindung	OAN Graphischer Großbetrieb, Leipzig

FISCH

Die neue große Schule

Texte und Rezepte von
Monika Kellermann

Fotografiert
von Susi und Pete A. Eising

ZABERT
SANDMANN
VERLAG

Inhalt

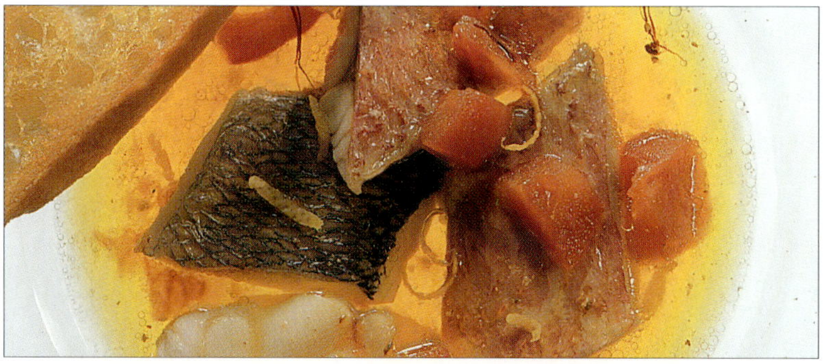

FISCH – EIN THEMA MIT ZAHLREICHEN VARIATIONEN

Nicht nur am Freitag, dem klassischen Fischtag, sondern auch an anderen Tagen in der Woche kommen heute die Delikatessen aus Fluß und Meer auf den Tisch. Die Begeisterung begann, als der Badeurlaub an südlichen Küsten immer beliebter wurde. Da duftete es zur Mittagszeit nach Kräutern und Knoblauch vom Grill, da schmorte der frische Fisch in Olivenöl und Tomaten, da schmeckte die Fischsuppe nach Safran und Fenchel. Und dank der großen Nachfrage lohnte sich plötzlich auch wieder die Arbeit der Fischer an den Mittelmeerküsten.

Heute ist auch in unseren Fachgeschäften das Angebot an Fischen und Meeresfrüchten so reichhaltig wie nie zuvor. Ein bestens funktionierendes Kühltransportsystem liefert uns die leicht verderbliche Ware aus jeder Ecke der Welt in kürzester Zeit. Fischzucht und Fischfarmen sorgen dafür, daß es auch heute noch preiswerten Fisch gibt.

Fische und Meeresfrüchte bieten ungeahnte Möglichkeiten für die Küche, und das in jeder Preisklasse. Vom einfachen Fischergericht bis zum aufwendigen Gourmetrezept. Zum Glück, denn Fisch ist ein wertvolles Nahrungsmittel, eiweißreich, fettarm und leicht verdaulich, reich an Vitaminen, Mineralstoffen, Selen und Jod – ideal für die moderne Ernährung. Fischöle schützen die Blutgefäße und wirken einem zu hohen Cholesterinspiegel entgegen. Immerhin steht der Fisch als gesundes Lebensmittel nach einer Umfrage an fünfter Stelle – gleich nach dem Salat.

DER SCHNELLE WEG ZUM EINZIGARTIGEN GENUSS

An Fischen und Meeresfrüchten begeistern besonders die meist extrem kurzen Garzeiten. Und natürlich die unzähligen Möglichkeiten der Zubereitung. Ob gebraten oder geschmort, gedünstet oder im Dampf gegart, in würzigem Sud pochiert, roh mariniert oder geräuchert, über Holzkohle oder unter einem Elektrogrill gegart – stets wird schnell und unkompliziert ein Festmahl daraus. Ein gutes Öl, ein Stück Butter, eine Handvoll Kräuter und vor allem sanfte Hitze sind das ganze Geheimnis.

Nur ein frischer Fisch ist ein guter Fisch. Mit den heutigen Transport- und Kühlmöglichkeiten ist es kein Problem, auch fern der Küsten beste Qualität zu finden. Die ausführliche Warenkunde zeigt, worauf zu achten ist, wie man Frische erkennt und welche Zubereitungsarten am besten geeignet sind. Viele Fotos helfen, die Produkte fachgerecht vorzubereiten, und verdeutlichen, wie Krustentiere auszulösen oder gegarte Fische grätenlos zu zerlegen sind.

Damit jedes Rezept gelingt, werden am Beispiel eines Grundrezeptes alle Arbeitsschritte einer Zubereitungsart erläutert. Die nachfolgenden Seiten zeigen dann Rezepte und Tips, was man noch alles auf diese Weise zaubern kann. Klassiker aus aller Welt machen Appetit auf neue Geschmackserlebnisse, von raffinierten Vorspeisen aus der feinen Küche über deftige und würzige Fischsuppen zu asiatischen Zubereitungen, wobei besonders das Dämpfen das Aroma rein und fein erhält. Auch das Räuchern, im Haushalt kein Problem, verspricht ein neues Fisch-Erlebnis!

WARENKUNDE UND KÜCHEN-TECHNIK

Hier erfahren Sie alles Wissenswerte über Fische und Meeresfrüchte: Worauf man beim Einkauf achten sollte und wie man sie fachlich richtig vor- und zubereitet.

SÜSSWASSER- UND WANDERFISCHE

Alle Fische, die sich in stehenden Gewässern wie Seen und Teichen sowie Fließgewässern wie Flüssen und Bächen tummeln, werden als Süßwasserfische bezeichnet. Salzwasser würde für die meisten dieser Fische den sicheren Tod bedeuten. Ausnahmen sind die sogenannten Wanderfische, die zwischen Salz- und Süßwasser wechseln. Nur wenige der 5000 bekannten Süßwasserfische haben eine Marktbedeutung als Speisefisch.

1. Flußaal
Von ihrem Laichplatz in der Saragossasee gelangen die Larven im Laufe von 3 Jahren an die europäische Küste. Hier beginnt ihre neunjährige Wanderschaft durch Flüsse und Seen. Haben die Aale ihre Geschlechtsreife erlangt, beginnen sie mit der Abwanderung.
• Das Fleisch ist fest, relativ fett und grätenfrei. Junge Aale werden gegrillt oder kurz gebraten, größere Aale werden geräuchert.

2. Barsch (Egli)
Barsche fühlen sich in fließenden und stehenden Gebirgsgewässern besonders wohl. Sie werden bis zu 35 cm lang und etwa 2,5 kg schwer.
• Das Fleisch ist mager und hat einen äußerst feinen Geschmack, ist aber leider sehr grätenreich. Schmeckt filetiert und kurz gebraten am besten!

3. Renke, Felchen, Maräne
Die etwa 30 bis 50 cm langen Fische sind am häufigsten in Gebirgsseen zu finden. Die Unterscheidung der Arten ist auf Grund der zahlreichen regional entstandenen Formen äußerst schwierig.
• In den Sommermonaten hat das Fleisch das beste Aroma. Sehr gut schmeckt es gebraten oder geräuchert.

4. Forelle
Meer- oder Lachsforelle: Die Jungfische leben 5 Jahre im Süßwasser, wandern dann ins Meer und kehren nach weiteren 5 Jahren zum Laichen in die Flüsse zurück. Diese Forellenart fällt vor allem durch das lachsrote Fleisch auf. Heute werden diese Fische vorwiegend in Norwegen gezüchtet. Durch die Fütterung mit Garnelenmehl färbt sich das Fleisch orangerot.
Regenbogenforelle: Ein aus Nordamerika stammender Wanderfisch, der bei uns in seiner Stammform und in einer Süßwasserform eingeführt wurde. Mit einem Gewicht von 250 bis 300 g ist er vorwiegend aus Teichwirtschaften erhältlich.
Bachforelle: Sie liebt kühle und sauerstoffreiche Fließgewässer. Auch diese Forellenart wird überwiegend gezüchtet. Wildwasserforellen sind Raritäten! Das Fleisch ist aromatischer als das der Regenbogenforelle.
• Kurze und schonende Garweisen sind notwendig, damit das zarte Fleisch saftig bleibt. Fantastisch schmecken auch geräucherte Forellen.

5. Hecht
Der Raubfisch liebt Seen und Flüsse mit ruhigem und klarem Gewässer mit Kiesgrund. Er kann bis zu 25 kg schwer werden, das Fleisch ist dann allerdings trocken. Ideales Schlachtgewicht: 1 bis 3 kg.
• Spezialitäten sind Hecht-

klößchen oder junger Hecht im Ganzen gebraten. Aber vorsicht, das zarte Fleisch steckt voller winziger Gräten.

6. Karpfen
Der aus Asien stammende Fisch liebt warme, stehende Gewässer mit reichlich Pflanzenwuchs und Schlammgrund und ist somit optimal für die Teichwirtschaft geeignet. Mit einem Gewicht von 1 bis 2 kg ist das Fleisch geschmacklich am besten.
• Traditionell werden die fettreichen Fische blau gekocht, geschmort oder ausgebacken.

7. Lachs
Lachse ziehen entweder zum Ablaichen vom Meer flußaufwärts, verbleiben dann bis zu 5 Jahren im Süßwasser und kehren als Jungfische ins Meer zurück (Hauptfanggebiete sind die Küstengewässer im Atlantik und der Ostsee). Oder sie leben und laichen in Flüssen oder Seen. Vorwiegend werden sie allerdings gezüchtet und mit einem Gewicht von etwa 4 kg angeboten.
• Wildlachse aus Schottland besitzen das feinste Fleisch. Lachsfleisch schmeckt am besten pochiert, roh mariniert oder natürlich geräuchert!

8. Bachsaibling
Diese forellenähnlichen Fische benötigen eiskaltes, sehr sauerstoffreiches Wasser von bester Qualität. Sie werden deshalb nur in kleinen Mengen in Teichwirtschaften gezüchtet.
• Das feste, zarte lachsfarbene Fleisch sollte möglichst schonend zubereitet werden.

9. Stör
Der in europäischen Küstengewässern beheimatete schlanke Fisch ist in erster Linie Lieferant für den feinkörnigen Kaviar. Das wohlschmeckende Fleisch sollte man aber nicht außer Acht lassen.
• Ideale Garmethoden sind Kurzbraten und Grillen. Das Fleisch kommt aber hauptsächlich geräuchert auf den Markt.

10. Trüsche (Quappe, Aalrutte)
Dieser Fisch ist in den kühlen, klaren Fließgewässern der Gebirgsregionen zu finden. Das Durchschittsgewicht beträgt etwa 500 g.
• Das weiße, zarte Fleisch mit einem ausgezeichneten Geschmack sollte schonend zubereitet werden. Eine Delikatesse ist die übergroße Leber dieser Fische, die man nur kurz in Butter brät!

11. Wels (Waller)
Sehr gefräßiger, schwierig zu fangender Raubfisch, der in großen Flüssen und warmen Seen mit weichem Boden lebt. Derzeit werden Welse hauptsächlich als Zuchtfische angeboten.
• Das fast grätenlose, etwas fettere Fleisch der Jungtiere schmeckt sehr fein. Es eignet sich gut zum Grillen oder Räuchern.

12. Zander
Dieser Raubfisch mit hechtähnlichem Aussehen lebt in mittel- und osteuropäischen wärmeren Flüssen und Seen mit hartem Grund. Er wird allerdings auch in Teichwirtschaft bis zu einem Gewicht von 1 bis 2 kg gezüchtet.
• Das feste, magere Fleisch enthält wenig Gräten und wird in der feinen Küche sehr geschätzt. Als ganzer Fisch im Backofen gebacken oder filetiert und kurz in der Pfanne gebraten, ist er ein Hochgenuß.

MEERESFISCHE

Der größte Teil der unzähligen Fischarten lebt im Meer, und dank modernster Kühlmethoden ist heute ein Angebot aus allen Teilen der Weltmeere möglich. Nachfolgend eine kleine Auswahl der bei uns bekanntesten Meeresfische.

1. Hai (ohne Abb.)
Von den zahlreichen Haiarten haben hauptsächlich der Dornhai und der Heringshai als Speisefisch große Bedeutung. Das Fleisch ist von Blutnetzen durchzogen, die beim Abbau zu Allergien führen können. Diese werden vor dem Verzehr jedoch entfernt.
• Das Fleisch eignet sich gut zum Braten oder Fritieren. Die geräucherten Bauchlappen sind unter der Bezeichnung Schillerlocken im Handel erhältlich.

2. Rochen
Von dem Fisch werden hauptsächlich die vergrößerten, muskulösen Brustflossen (Flügel), die mit Kopf und Rumpf verwachsen sind, angeboten.
• Am besten schmeckt das magere weiße, gelatinehaltige Fleisch pochiert: entweder warm mit einer würzigen Sauce oder abgekühlt und im eigenen Saft geliert.

3. Hering
Qualität und Geschmack hängen vom Zeitpunkt des Fangs ab: Matjes werden vor der Geschlechtsreife (Mai/Juni), Vollheringe vor dem Laichen (Juli/August und Dezember bis April) gefangen. Milchner (männlich) und Rogen (weiblich) sind sehr gut ausgebildet. Leerheringe (Yhlen) werden nach dem Laichen gefangen. Das Fleisch der Matjesheringe ist besonders schmackhaft!
• Die Zubereitungsarten sind vielfältig: man kann sie braten, grillen, marinieren oder räuchern!

4. Sardine, Pilchard
»Jugendliche« Fische mit einer Länge von maximal 20 cm werden als Sardinen, größere Exemplare bis zu 30 cm als Pilchard angeboten.
• Gegrillt oder gebraten, eventuell in einer würzigen Marinade eingelegt, sind die fettreichen Fische eine Gaumenfreude.

5. Seeteufel (Lotte, Angler)
Der Seeteufel ist unter der französischen Bezeichnung »Lotte de mer« fast besser bekannt. Im Handel wird das grätenlose, feste, hummerähnlich schmeckende Fleisch vorwiegend ohne Kopf und Haut angeboten.
• Das Fleisch eignet sich hervorragend zum Kurzbraten, aber auch zum Schmoren.

6. Wolfsbarsch (Loup de mer)
Der barschähnliche Fisch kommt mit einer Länge von etwa 60 cm und einem Durchschnittsgewicht von 1 kg in den Handel. Das magere, aromatische Fleisch kostet einen stolzen Preis.
• Aromaschonende Garweisen (z. B. Dämpfen, Grillen oder im Salzmantel backen) sind zu empfehlen.

7. Dorsch, Kabeljau
Dorsche (Jungfische) kommen mit etwa 1 kg in den Handel. Der Kabeljau (geschlechtsreif) wird bis zu 1 m lang und ca. 6 bis 8 kg schwer. Das perlmuttschimmernde, magere und sehr zarte Fleisch wird meist filetiert angeboten.
• Die Filets schmecken pochiert, paniert, ausgebacken und in Eintöpfen sehr gut.

8. Schellfisch und Lengfisch
Beide Fische zählen zur Familie der Dorsche. Das preiswerte, magere Fleisch größerer Schellfische ist mit der Qualität von Dorschfleisch vergleichbar. Lengfische werden meist filetiert angeboten. Das Fleisch ist nicht ganz so fein wie das des Kabeljaus.
• Als Ganzer im Ofen gebraten, aber auch geräuchert, ist der Schellfisch ein Genuß.

9. Rotbarsch (Goldbarsch)
Der Rotbarsch zählt nicht zur Familie der Barsche, obwohl er ihnen sehr ähnlich ist. Das fettreiche Fleisch wird wegen der sehr harten Schuppen und der Stachelstrahlen des Fisches vorwiegend als Filet angeboten.
• Alle Garmethoden sind möglich. Sehr schmackhaft ist das Fleisch in Teig getaucht oder paniert und dann fritiert.

10. Seelachs (Köhler)
Ein wichtiger und preisgünstiger Konsumfisch mit einem ausgeprägten, pikanten Geschmack. Es werden nur Filets angeboten.
• Das Fleisch ist ideal für einfache Ragouts oder Suppen, es kann aber auch pochiert oder gebraten werden. Unbedingt auf kurze Garzeiten achten, da das Fleisch sonst zerfällt und trocken wird!

11. Thunfisch
Roter Thunfisch kann bei einer Länge von 3 m bis zu 400 kg schwer werden. Sein Fleisch färbt sich beim Kochen rot. Weißer Thunfisch wird dagegen nur bis zu 1 m lang und etwa 30 kg schwer. Sein Fleisch wird beim Garen rosa. Bonito wird etwa 80 cm lang. Er hat ein sehr helles Fleisch. Das fast grätenlose und fettreiche Fleisch wird als Kotelett angeboten. Es erinnert geschmacklich an Kalbfleisch.
• Thunfisch schmeckt gegrillt oder gebraten besonders fein.

12. Schwertfisch
Schwertfische sind den Thunfischen sehr ähnlich. Sie bringen 50 kg und mehr auf die Waage. Das würzige und fettreiche Fleisch wird meist als Kotelett, oft auch tiefgekühlt, angeboten.
• Optimale Garmethoden sind Grillen und Braten.

13. Makrele
Etwa 30 cm lang und etwa 250 g schwer haben sie die richtige Portionsgröße. Das fettreiche Fleisch enthält zahlreiche Gräten, die sich jedoch leicht entfernen lassen.
• Das Fleisch schmeckt gebraten, gegrillt und geräuchert sehr gut.

14. Wittling (Merlan)
Dieser Fisch kommt im Schnitt mit 30 cm Länge und einem Gewicht von etwa 250 g in den Handel. Das zarte, weiße Fleisch ist relativ preiswert und äußerst schmackhaft, allerdings auch besonders leicht verderblich.
• Die Filets lassen sich gut rollen. Das Fleisch schmeckt am besten gebraten oder fritiert.

15. Goldbrasse (Dorade royale)
Unter den Brassenarten steht die Goldbrasse geschmacklich an erster Stelle. Von Juli bis Oktober schmeckt das grätenarme Fleisch am besten.
• Mit einem Salzmantel umhüllt und im Ofen gebacken, aber auch gegrillt, gebraten oder pochiert ist diese Brasse ein Hochgenuß.

16. Rotbarbe
Die 20 bis 40 cm langen Fische sind relativ teuer. Bei kleineren Exemplaren kommt der interessante Geschmack am besten zur Geltung. Die Leber ist eine Delikatesse!
• In Frankreich legt man die Fische ungeschuppt und samt Innereien auf den Grill, weshalb sie auch »Schnepfen des Meeres« genannt werden.

PLATTFISCHE UND NEWCOMER

Plattfische sind wertvolle und begehrte Speisefische, die für die Fischerei eine große wirtschaftliche Bedeutung haben. Sie unterscheiden sich durch ihre flache, seitlich verbreiterte Körperform von allen anderen Fischarten. Es sind fast ausschließlich Fische mit sehr hochwertiger Fleischqualität.

1. Steinbutt
Der schuppenlose Fisch hat seinen Namen von den Verknöcherungen unter der Haut, die wie Steinchen aussehen. Mit einem Gewicht von 1 bis 3 kg ist die Fleischqualität am besten. Bei einem Gewicht unter 1 kg bleibt wegen des hohen Abfallanteils nur sehr wenig Fleisch übrig. Das Fleisch des teuren Fisches ist zart und äußerst wohlschmeckend.
• Das Fischfleisch schonend über Dampf garen oder kurz braten; die obere Haut jedoch immer abziehen.

2. Glattbutt
Der Glattbutt ist etwas kleiner als der Steinbutt und mit winzigen glatten Schuppen bedeckt. Er ist nicht ganz so teuer, das Fleisch ist aber ebenfalls sehr gut, wenn auch nicht ganz so exquisit!
• Sanfte Garmethoden sind auch hier empfehlenswert. Allerdings schmeckt der Glattbutt auch vom Grill vorzüglich! Aufpassen, der Fisch ist sehr rasch gar!

3. Scholle (Goldbutt)
Lediglich 20 bis 40 cm werden die Schollen mit den auffallend orangeroten Tupfen und der zartrosa Bauchseite. Die Scholle ist der meistverkaufte Plattfisch, was sicherlich neben dem günstigen Preis auch an der Größe liegt. Das Fleisch der Schollen ist fest und schmackhaft, jedoch nicht so fein wie das der Seezunge.
• Fischkenner bevorzugen »Maischolle«, die im ganzen mit der Haut in Butter gebraten wird. Sehr gut sind auch Schollenfilets: gebraten, pochiert oder auf Gemüse gedämpft.

4. Heilbutt
Der Weiße Heilbutt ist mit einer Länge von 4 m und einem Gewicht von 300 kg der größte aller Plattfische. Bevorzugt werden kleinere Exemplare, die wesentlich schmackhafter sind. Der Schwarze Heilbutt ist kleiner (maximal 40 kg), spielt wirtschaftlich betrachtet aber die größere Rolle. Das magere und großblättrige Fleisch ist zwar nicht so fein wie das des Steinbutts oder der Seezunge, dafür aber preiswerter. Heilbutt wird in Stücke geschnitten oder filetiert angeboten.
• Man kann das Fleisch pochieren, dämpfen oder braten. Herrlich schmeckt auch geräucherter Heilbutt!

5. Seezunge
Die Seezunge ist sicherlich der Spitzenreiter unter den Plattfischen, wenn es um Bekanntheit und Beliebtheit geht. Mit einem Gewicht von 300 bis 500 g ist das Fleisch der Seezungen am delikatesten. Größere Fische läßt man am besten vom Fischhändler häuten und filetieren.
• Kurz gebraten, mit einer raffinierten Sauce oder gefüllt, gerollt und auf Gemüse gedämpft, ist das Fleisch ein

Genuß. Ein bekannter Klassiker ist »Seezunge Müllerinart«.

6. Flunder (ohne Abb.)
Sie ist der einzige Plattfisch, der nicht nur im Meer, sondern auch im Brack- und Süßwasser leben kann. Die graubraune Hautoberfläche ist mit dornigen Warzen besetzt. Die Flunder wird 30 bis 50 cm lang, das Fleisch ist von ausgezeichneter Qualität.
• Den ganzen Fisch in Butter braten oder die Filets dünsten, pochieren oder braten.

Die Newcomer auf dem Fischmarkt – Feinschmeckern sind sie ein Begriff!

7. Red Snapper
Von den zahlreichen Red-Snapper-Arten bekommt man bei uns vorwiegend »*Bourgeois*« oder »*Bordomar*«, die man an ihrer markanten Kopfform erkennen kann. In den ersten Lebensjahren ist die Farbe des Red Snappers roséröt, im ausgewachsenen Zustand kräftig rot. Das weiße, fast grätenlose Fleisch ist fest und erinnert geschmacklich ein wenig an Hummer.
• Red Snapper lassen sich gut füllen und sind für jede Garmethode geeignet.

8. Petersfisch (Heringskönig)
Den Petersfisch erkennt man an seinem diskusartigen Kopf und an einem schwarzen Punkt auf den Flanken, angeblich ein Fingerabdruck des Apostels Petrus. Obwohl der Petersfisch bis zu 8 kg schwer werden kann, kommt er meist als 600 bis 800 g schwerer Portionsfisch in den Handel. Das feine Fleisch erinnert geschmacklich an Steinbutt oder Seezunge.
• Am besten über Dampf garen oder kurz braten. Der Fisch muß nicht geschuppt werden.

9. Knurrhahn, Seekuckuck
Bei uns werden fast ausschließlich der Rote Knurrhahn oder der Seekuckuck, der ebenfalls zur Familie der Knurrhähne zählt, angeboten. Die etwa 200 bis 500 g schweren Fische sind sehr stachelig, daher überläßt man das Zerlegen besser dem Fachmann. Das Fleisch ist fest, grätenlos und sehr aromatisch.
• Ideal für Suppen und Eintöpfe geeignet; in der Bouillabaisse darf er nicht fehlen.

10. Kaiserbarsch (Sägebauch) (ohne Abb.)
Eindeutige Erkennungsmerkmale sind die sechs Stachel vor der Rückenflosse und die orangerote Farbe. Meist wird der Fisch bei uns jedoch filetiert angeboten. Das Fleisch schmeckt äußerst aromatisch.
• Er eignet sich sehr gut zum Dämpfen. Beim Häuten unbedingt die Fettschicht entfernen!

11. Papageienfisch
Die prächtige Färbung des Schuppenkleids reicht – je nach Art – von hellblau über türkis bis hin zu dunkelgrün und sogar dunkelrot. Seinen Namen hat er jedoch von den zu einem Papageienschnabel verwachsenen Zähnen. Das Fleisch ist sehr delikat.
• Das feine Fleisch schmeckt am besten gedämpft oder gebraten.

12. Großer Roter Drachenkopf
Der große Kopf des leuchtend roten Fischs ist stachlig gepanzert, die Rückenflossen sind mit Stachelstrahlen versehen. Beim Häuten und Zerteilen entsteht deswegen viel Abfall. Das Fleisch ist besonders mager und aromatisch.
• Dieser Fisch gehört unbedingt in die Bouillabaisse. Die Filets kurz pochieren oder braten. Der Abfall ergibt einen hervorragenden Fischfond.

KRUSTENTIERE

Wieviele verschiedene Krustentiere es gibt, weiß keiner genau. Selbst Fachleute haben große Schwierigkeiten, sie auseinanderzuhalten. Hier eine kleine Auswahl der bekanntesten und bei uns erhältlichen Krustentiere.

1. Garnele
Etwa 350 Arten, also etwa 10 Prozent der uns bekannten Arten, sind kommerziell nutzbar. Ihr Aussehen ist sehr unterschiedlich. Sichere Erkennungsmerkmale sind der lange Hinterleib, der im Verhältnis zum Vorderkörper stark entwickelt ist, und ein sägeartiges Stirnhorn.
Die etwa 9 cm langen Sandgarnelen (a), bei uns besser bekannt als Nordseekrabben, schmecken frisch am besten. Einen wesentlich höheren Marktanteil haben die etwa 12 cm langen Tiefseegarnelen oder Grönland-Shrimps (b). Sie werden meist an Bord abgekocht, tiefgefroren und unter der Bezeichnung Shrimps angeboten. Sehr begehrt und von bester Qualität sind die etwa 8 bis 12 cm langen Sägegarnelen (c), auch Crevetten oder Rosa Krabben genannt. Sie sind schwer zu fangen und deswegen entsprechend teuer. Riesengarnelen oder Prawns (d) erreichen nicht selten eine Länge von 30 cm. Sie werden häufig ohne Kopf angeboten. Für alle Garnelenarten gilt: Je frischer, desto aromatischer und fester ist das Fleisch.
• Ob Grillen, Pochieren, Braten oder Marinieren – jede Zubereitungsart ist möglich!

2. Hummer und Languste
Die größten Krustentiere, Hummer und Langusten, werden oft verwechselt. Man kann sie jedoch einfach unterscheiden: Die Hummer (a) besitzen zwei unterschiedlich große Scheren, die Langusten (b) dagegen zwei sehr lange Antennenfühler.
• Am besten schmecken diese Krustentiere frisch – entweder gegrillt oder in Salzwasser pochiert. Dazu Wasser in einem ausreichend großen Topf zum Kochen bringen. Den lebenden Hummer mit dem Kopf voraus, den Beinen nach oben und schräg nach oben gerichtetem Schwanz in das kochende Wasser geben. So kann die in den Kiemenhöhlen befindliche Luft rasch entweichen.

3. Kaisergranat (Langustine oder Scampo)
Die etwa 10 bis 25 cm langen hummerähnlichen Krebse sind bei uns besser unter der italienischen Bezeichnung Scampi bekannt. Sicheres Erkennungszeichen sind die hervorstehenden Augen und die scharf gezahnten Scheren. Vorwiegend werden nur die Schwänze angeboten, da sich darin das köstliche Fleisch befindet.
• Die Zubereitungsweisen sind vielfältig: Pochieren, Braten oder Grillen ist möglich.

4. Flußkrebs
Die Flußkrebse gedeihen ausschließlich in sehr sauberen Gewässern, weshalb man sie heute nur noch in geringen Mengen vorwiegend in höhergelegenen Seen antrifft. Einheimische Krebse sind eine Rarität und daher sündhaft teuer. Flußkrebse werden deshalb auch in Teichwirtschaft gezüchtet. Der größte Teil wird jedoch importiert.
• Die frischen Tiere in einem Sud garen und dazu eine Dillsauce reichen.

1

2

3

5

SCHALTIERE

Muscheln zählen zur Familie der Weichtiere, obwohl der Laie den Begriff »Schaltiere« sicherlich zutreffender findet. Das Fleisch wird durch ein Gehäuse, das aus zwei Klappen besteht, geschützt. Die Kiemen filtern das Atemwasser, geeignete Nahrungspartikel werden dem Mund zugeführt und gleichzeitig wird das Wasser von Abfallstoffen befreit. Muscheln werden deswegen auch als »Gesundheitspolizei« des Meeres bezeichnet.

1. Auster
Die dickschuppigen Schalen der Austern sind je nach Sorte und Lebensraum von unterschiedlicher Größe, Farbe und Form. Die untere Schalenhälfte, in der sich das Muschelfleisch befindet, ist jedoch immer tiefer. Da Austern Meerwasser speichern, können Sie bei sachgerechter kühler Lagerung gut 14 Tage überleben. Die Europäischen Austern erreichen eine Größe von 5 bis 12 cm. Unterteilt werden die vielen verschiedenen Sorten in flache (plates) und tiefe (creuses) Austern. Besonders schmackhaft sind die Sorten »Belons« oder »Marennes« aus Frankreich. Aufgrund der arbeitsintensiven und langwierigen Aufzucht sind Austern sehr teuer.

• Austern werden in erster Linie roh verzehrt. Man kann sie aber auch kurz pochieren oder gratinieren. Wer beim Verzehr von frischen Austern vorsichtig sein möchte, kann mit Zitronensaft prüfen, ob sie noch lebt. Die empfindliche Auster zuckt bei der Berührung mit Säure nämlich zusammen.

2. Jakobsmuschel (Pilgermuschel)
Die rötlich gestreiften Muscheln mit den strahlenförmigen Einkerbungen erreichen einen Durchmesser von etwa 13 cm. Ihr weißes Fleisch ist von einem orangeroten Rogen (Corail) umgeben, der in den Wintermonaten zwischen November und März ein wahrer Genuß ist.

• Sehr frische Muscheln können roh gegessen werden. Meistens wird das Fleisch mit einer Sauce überzogen und in der Schale gratiniert.

3. Miesmuschel
Die verschiedenen Sorten der robusten Miesmuschel sind weltweit verbreitet. Sie werden fast überall in »Muschelgärten« gezüchtet. Durch die starke und schnelle Vermehrung ist die Ausbeute sehr groß. Die schwarzvioletten Muscheln werden lebend geliefert und müssen binnen weniger Tage gegessen werden.

• Miesmuscheln werden bevorzugt im eigenen Saft oder in einem würzigen Sud so lange gegart, bis sich die Schalen öffnen.

4. Herzmuschel (ohne Abb.)
Ihren Namen haben sie von der herzähnlichen Form. Sie werden maximal 2 bis 4 cm groß. Das Fleisch ist sehr schmackhaft.

• Herzmuscheln am besten mit frischen Kräutern dünsten oder zu Suppen und Ragouts verarbeiten.

5. Venusmuschel
Die fast kreisrunden Muscheln haben eine porzellanartige Schale mit ausgeprägten Kreisen. Sie erreichen eine Größe von 3 bis 8 cm. Das nußartig schmeckende Fleisch ist sehr zart.

• Feinschmecker genießen das Fleisch am liebsten roh.

MOLLUSKEN

Kopffüßler, hierzu zählen Tintenfisch, Kalmar und Krake, gehören wie Muscheln zur Familie der Mollusken. Ihr Kopf ist deutlich von dem sackartigen Körper abgesetzt. Der Mund ist von beweglichen Armen umgeben, die zum Ergreifen der Beute und zur Fortbewegung dienen. An der Bauchseite des Körpers befindet sich eine geräumige Mantelhöhle, in der sich Darm, Harn- und Geschlechtswege und die Kiemen befinden, die meistens durch eine längliche, leicht bauchige Schale geschützt werden.

1. Tintenfisch (Sepia)
Der Körper des Tintenfisches ist rund bis oval und seitlich von einem schmalen Flossensaum umgeben. Neben acht kurzen Mundarmen hat er zwei dünne, sehr lange Fangarme. Die im Handel angebotenen Tintenfische sind etwa 20 bis 30 cm lang und ca. 500 bis 800 g schwer. Der Körper enthält ein Tintensäckchen, das bei der gründlichen Säuberung vor der Zubereitung vorsichtig entfernt wird.

• Den Körper füllen oder in Ringe schneiden und dünsten oder schmoren.

2. Kalmar
Der Kalmar hat einen schlanken Körper, der mit einer rhombenförmigen Flosse endet, und einen kleinen schmalen Kopf. Auch er hat acht kürzere Mundarme, zwei lange Fangarme und ein Tintensäckchen. Das Fleisch des Körpers ist sehr zart und mager.

• Sehr gut schmeckt der Körper, wenn man ihn in Ringe schneidet, in Backteig taucht und fritiert. Er eignet sich jedoch auch vorzüglich zum Füllen oder für Schmorgerichte. Die Fangarme können kleingeschnitten und mitgeschmort werden.

3. Krake (Oktopus)
Der Körper der Kraken ist sehr gedrungen und geht direkt in die acht gleichlangen Fangarme über. Kraken fehlt die Schale im Körperinneren. Den besten Geschmack haben sie in jungen Jahren mit einer Länge von etwa 40 cm. Zart und wohlschmeckend wird der Oktopus nur, wenn er vor dem Garen ausreichend lange geschlagen wird. Bei uns wird Oktopus meistens tiefgekühlt angeboten. Durch die Minusgrade wird das Fleisch des Körpers wesentlich zarter, das Schlagen entfällt dann.

• Man kann den Körper gegrillt und in Streifen geschnitten unter Salate mischen oder mit Gemüse oder Kräutern schmoren.

4. Zwerg-Sepia und -Kalmar
Zwerg-Sepien, auch Seppiolini oder Novellini genannt, werden nur etwa 5 cm groß. Die innere Schale ist sehr stark zurückgebildet. Zwerg-Kalmare erreichen eine Größe von etwa 6 bis 9 cm. Sie werden auch als Calamaretti angeboten. Das Fleisch beider Zwergarten ist besonders zart.
• Zwerg-Sepien und -Kalmar schmecken besonders köstlich, wenn man sie dünstet und unter »al dente« gekochte Nudeln oder Reis mischt. Ein Leckerbissen sind sie in jedem Meeresfrüchtesalat oder mit Zitronensaft mariniert und auf Salatblättern angerichtet.

FISCHPRODUKTE

Um das leichtverderbliche Lebensmittel »Fisch« länger haltbar zu machen, wurden früher Konservierungsmethoden wie Trocknen, Salzen, Säuern oder Räuchern angewandt. Damals war das die einzige Chance, Fisch länger als 3 Tage aufzubewahren. Heute steht statt der Lagerfähigkeit vielmehr der Geschmack im Vordergrund, den man ihm durch die Konservierungsart verleihen kann.

1. Klipp- und Stockfisch
Für die Herstellung von Klipp- und Stockfisch werden magere Fische wie Kabeljau, Seelachs, Schell- und Lengfisch geköpft, ausgenommen und entgrätet. Stockfisch wird ungesalzen, Klippfisch dagegen gesalzen an der Luft getrocknet. Die Fleischfarbe muß weißlich bis hellbeige sein, rötliche Verfärbungen weisen auf schlechte Qualität hin. In mediterranen Ländern sind Gerichte aus getrocknetem Fisch eine Spezialität. Bei uns sind sie eher unbekannt.

- Trockenfisch mindestens 24 Stunden einweichen und dann kurz kochen, bevor man daraus Suppen, Ragouts oder Aufläufe zubereitet.

2. Marinierter Fisch
Ausgenommene, nicht entgrätete Heringe ohne Kopf werden als marinierte Heringe (a) im Handel angeboten. Bei Bismarckheringen werden die Fische vor dem Marinieren entgrätet. Kleine entgrätete Heringe ohne Kopf sind unter Kronsild oder Kronsardinen im Kühlregal zu finden. Für Rollmöpse (b) werden die Heringe entgrätet, von Kopf und Schwanzflossen befreit und mariniert. Für Bratheringe werden Grüne Heringe mit oder ohne Gräten mehliert, gebraten und anschließend in einer Essig-Marinade eingelegt.

3. Geräucherter Fisch
Bei der Kalträucherung werden Salzwasserfische gewässert und dann bei 15 bis 20° C etwa 1 bis 6 Tage geräuchert. Das Aroma der Fische hängt stark von den zum Räuchern verwendeten Hölzern ab. Kaltgeräucherte Fische sind etwa 14 Tage haltbar. Am Bekanntesten ist der Räucherlachs (a). Beim Heißräuchern werden die Fische erst in eine milde Salzlake gelegt und dann bei 60° C maximal 4 Stunden geräuchert. Heißgeräuchert werden Heringe (Bücklinge), die Bauchlappen des Dornhais (Schillerlocken (b)), Makrelen (c), Aale (d), Sprotten, Forellen (e) und Renken. Heißgeräucherte Fische sind etwa 1 Woche haltbar.

4. Kaviar
Der Rogen der Stör-Arten ist der bekannteste und beste Kaviar: Beluga-Kaviar (a) ist der feinste, größte und teuerste, Sevruga-Kaviar der würzigste Kaviar. Der kleinkörnige, leicht nach Nüssen schmeckende Osietra-Kaviar wird von Feinschmeckern bevorzugt. Keta-Kaviar (b) ist der lachsrote, großkörnige und dünnschalige Rogen des Keta-Lachses. Forellen-Kaviar (c) schmeckt ähnlich wie Keta-Kaviar, die Körner sind etwas kleiner und fester. Der kleinkörnige feste Rogen der Seehasen kommt unter der Bezeichnung »Deutscher Kaviar« auf den Markt. Er ist mehr Dekorationsmittel als eine geschmackliche Offenbarung.

WIE FRISCH SOLL DER FISCH SEIN?

Fische, die sofort nach dem Fang geschlachtet und zubereitet werden, sind nicht unbedingt die besten! Durch den eintretenden Tod entsteht durch den Abbau von Blutzucker Milchsäure. Die sogenannte Totenstarre tritt ein: Das Fleisch wird hart und der Körper schwer beweglich, die Kiemendeckel stehen ab. Erst nach einigen Stunden löst sich die Starre. Das Fleisch wird wieder weich und elastisch, es bilden sich Aromastoffe. Brät man den Fisch nach diesem Reifeprozeß, ist das Fleisch wesentlich zarter und geschmacksintensiver. Lediglich bei dem Klassiker »Forelle blau« gehen die Ansichten auseinander: Wird die Forelle leicht gebogen serviert, ohne daß ein Faden zu Hilfe genommen wurde, ist es ein sicheres Kennzeichen, daß der Fisch erst kurz vor dem Kochen aus dem Wasser geholt wurde. Für viele Feinschmecker ist nur das der wahre Genuß. Andere finden, daß das Fleisch dann etwas hart ist.

Woran erkennt man einen frischen Fisch?

Überprüfen Sie das Fischangebot beim Einkauf im Fischgeschäft kritisch und entscheiden erst dann, welchen Fisch Sie verwenden möchten.

• Augen:
Am einfachsten erkennt auch der Laie einen frischen Fisch an den glasklaren prallen Augen. Sind die Augen trüb und verschleiert, ist das ein sicherer Hinweis darauf, daß der Fisch, auch wenn er durch entsprechend kühle Lagerung noch angenehm riecht, älteren Datums ist.

• Kiemen:
Ob die Kiemen wirklich leuchtend rot und die einzelnen Kiemenblätter deutlich erkennbar sind, ist für den Verbraucher beim Einkauf oft schwierig zu überprüfen. Am besten, Sie bitten den Fischhändler, daß er Ihnen die Kiemen zeigt. Ein guter Fachverkäufer ist dazu sicherlich gerne bereit. Von Fischen mit klebrigen, leicht gräulich aussehenden Kiemen sollten Sie die Finger lassen.

• Haut:
Die Haut muß natürlich glänzend, ohne Druckstellen oder Beschädigungen sein. Die Farbe darf noch nicht verblaßt sein. Der Schleim soll durchsichtig und klar sein, und falls der Fisch Schuppen hat, sollten diese noch fest an der Haut haften. Trockene, matte Haut ist ein Zeichen für lange Lagerung. Finger weg von Fischen, die leicht schmierig aussehen.

• Geruch:
Der »typische Fischgeruch« ist kein Indiz für fangfrische Fische! Diese haben keinen intensiven Geruch, was allerdings beim Einkauf im Fischgeschäft schwierig zu prüfen ist. Kaufen Sie deshalb Ihre Fische immer in einem gut geführten Fischfachgeschäft, denn: Fischkauf ist Vertrauenssache!

• Weitere Merkmale:
Verschleimte, verklebte Flossen sind Zeichen für eine unsachgemäße Lagerung. Wird der Fisch ausgenommen angeboten, sollte die Bauchhöhle relativ geruchlos sein, Blutreste müssen leuchtend rot sein.

DIE RICHTIGE MENGE

• Für ein Hauptgericht benötigen Sie 180 bis 200 g Fischfilet pro Person, für eine Vorspeise reichen 100 bis 150 g.

• Bei ganzen Fischen hängt die benötigte Menge vom Verhältnis des verwertbaren Fleisches und des anfallenden Abfalls ab. Bei Fischen mit einem großen Kopf und vielen Gräten, z. B. Barsch oder Zander, müssen Sie einen größeren Fisch nehmen. Bei kleinköpfigen, grätenarmen Fischen, z. B. Forelle oder Renke, benötigen Sie kleinere Fische. Im Schnitt rechnet man 350 bis 500 g pro Person. Falls Sie sich nicht sicher sind, fragen sie Ihren Fischverkäufer.

• Möchten Sie als Hauptgang Miesmuscheln servieren, benötigen Sie pro Person etwa 1 kg Muscheln .

• Bei frischen Austern rechnen Sie mit 6 bis 12 Stück pro Person. Je nachdem wie groß der Hunger ist!

• Ein Hummer oder eine Languste von 600 bis 800 g reichen für 2 Personen als Vorspeise.

Falls doch etwas vom Fisch, den Muscheln oder vom Hummer übrigbleibt, marinieren Sie die Reste in einer Vinaigrette. So zubereitet schmecken Fisch und Meeresfrüchte auch am nächsten Tag noch ausgezeichnet.

RICHTIG AUFBEWAHREN

• Für Fisch gilt grundsätzlich, auch wenn man ihn nur kurze Zeit aufbewahren möchte: Der Fisch muß zuerst ausgenommen und die Bauchhöhle gründlich gewaschen werden. Deckt man den Fisch dann mit Klarsichtfolie ab und stellt ihn kühl, hält er sich bis zu 2 Tagen. Will man den Fisch tiefkühlen, empfiehlt es sich, zuerst die Fische in kaltes Wasser zu tauchen, einzeln auf Alufolie zu legen, so vorzugefrieren und dann, nachdem die äußere Schicht gefroren ist, den Vorgang noch einmal zu wiederholen. Die Fische bekommen so einen festen Eispanzer, der sie vor Druck schützt. Anschließend den Fisch in Tiefkühlbeutel oder in Alufolie verpacken. Die Lagerzeit schwankt bei einer Temperatur von -18° C zwischen 3 und 9 Monaten. Achtung: Je fetter der Fisch ist, um so kürzer ist die Lagerzeit.

• Frische Muscheln – man erkennt sie an den geschlossenen Schalen – sollten Sie am besten gleich am Tag des Einkaufs zubereiten.

• Lebende Hummer oder Langusten sollten Sie ebenfalls sofort nach dem Einkauf zubereiten!

FISCH – EIN GESUNDER GAUMEN-SCHMAUS

Fischfleisch ist reich an biologisch hochwertigem Eiweiß, Mineralstoffen, Spurenelementen und Vitaminen. Ißt man zweimal wöchentlich Seefisch, ist der Jodbedarf gedeckt.

Ein Großteil der Fische ist ausgesprochen mager und kalorienarm. Werden diese Fische richtig zubereitet, sind sie wie geschaffen für Schlankheitsdiäten. Zudem ist Fischfleisch leicht verdaulich und belastet somit die Verdauungsorgane kaum – ideal also für eine schonende Ernährungsweise.

Allerdings sollte man auch öfter fettreichere Fischarten wie Lachs, Makrele oder Hering auf den Tisch bringen. Denn trotz des höheren Fettgehalts enthalten sie zum einen kaum Cholesterin, und zum anderen ist das Fischfett besonders reich an mehrfach ungesättigten Fettsäuren (Omega-3-Fettsäure), die einen positiven Einfluß auf den Stoffwechsel haben.

WAS STECKT IN FISCH, KRUSTEN- UND SCHALTIEREN?

NÄHRSTOFF- UND ENERGIEGEHALT PRO 100 G

	E g	F g	KH g	kcal	Chol. mg	Eisen mg	B_1 mg	B_2 mg	Niacin mg
Forelle	19,5	3	0	116	55	1,0	0,07	0,07	3,2
Garnele	18,5	1,5	1,5	105	160	1,7	0,05	0,03	2,5
Hecht	22	0,3	0	102	36	0,8	0,07	0,05	1,6
Heilbutt	24	1,5	0	121	59	0,7	0,07	0,07	5,65
Hering	18	15	0	225	85	1,1	0,03	0,2	4
Hummer	16	2	0,5	93	200	1,0	0,1	0,1	1,8
Jakobsmuschel	11	0,89	6	85	150	7,5	0,1	0,1	1,4
Kabeljau	21	0,3	0	97	60	0,5	0,05	0,05	1,9
Karpfen	21	2,5	0	118	82	1,2	0,06	0,04	1,8
Kaviar	26	15	5	286	300	1,4	0,1	0,5	1,0
Lachs	20	14	0	221	32	1,0	0,2	0,15	7
Makrele	22	3	0	120	80	1,1	0,12	0,32	0,7
Miesmuschel	12	1,4	3,5	84	110	5	0,15	0,21	1,6
Saibling	19	2	0	108	60	0,89	0	0,07	4,0
Schellfisch	20	0,2	0	94	60	0,7	0,05	0,14	3,1
Scholle	21	1,0	0	102	60	0,95	0,21	0,1	3,0
Seelachsfilet	13	4,5	2	128	43	0,84	0,02	0,05	0,86
Seeteufel	19	0,5	0	90	60	0,7	0	0,07	1,6
Seezunge	20	0,6	0	97	60	0,95	0,05	0,09	2,86
Thunfisch	25	7	0	182	80	1,1	0,13	0,14	7,7
Tintenfisch	19	0,4	0	90	60	0,83	0,01	0,05	1,71

aus der Nährwerttabelle des Bundeslebensmittelschlüssel (BLS), Stand 1992/93

SINNVOLLE HILFSGERÄTE

Mit etwas Geschick kann sicherlich jeder in einer normal ausgestatteten Küche raffinierte Fischgerichte zaubern. Die richtigen Arbeitsgeräte erleichtern jedoch das Hantieren und Zubereiten und sind somit auch ein Schlüssel zum Erfolg.

Fischentschupper
Notfalls kann man die Fische auch mit dem Rücken eines stabilen Messers entschuppen. Mit Hilfe eines Fischentschuppers ist es aber nicht nur einfacher, sondern auch ungefährlicher. Außerdem trägt die Fischhaut auf diese Weise weniger Verletzungen davon.

Fisch- oder Allzweckschere
Wer öfter größere, schwerere Fische zerlegt, für den lohnt sich die Anschaffung einer speziellen Fischschere. Zum Zerteilen kleinerer Fische reicht eine Allzweckschere vollkommen aus.

Filetiermesser
Die lange, dünne Klinge eines Filetiermessers muß besonders scharf und biegsam sein. Es ist eine nützliche Hilfe zum Filetieren von Fischen und zum Trennen des Filets von Haut und Gräten.

Hackbeil oder Küchenmesser
Wer ganze Fische gerne selber küchenfertig vorbereiten will, sollte auf ein Hackbeil mit einer großflächigen, starken Klinge nicht verzichten. Ein großes breites Küchenmesser tut es aber auch.

Spitzes Sägemesser
Das Spalten von sehr großen Fischen in zwei Hälften wird wesentlich erleichtert. Die Wirbelsäule läßt sich mit der Spitze gut durchstechen, und mit dem Sägemesser können der Körper und die Wirbelsäule relativ leicht durchtrennt werden.

Austernmesser
Für Genießer dieser dickschaligen Delikatesse ist ein Austernmesser eine notwendige Anschaffung. Wichtig dabei ist, daß der Griff gut in der Hand liegt und die Hand durch einen stabilen Schutz vor Verletzungen geschützt wird. Die Klinge sollte aus massivem Stahl sein.

Kunststoffbrett
Ein Kunststoffbrett ist wesentlich besser geeignet als ein Holzbrett, da es sich besser reinigen läßt und keinen Fischgeruch annimmt. Eine Auffangrinne ist von Vorteil.

Blitzhacker
Schnellrotierende, sehr scharfe Messer zerkleinern das Fischfilet im Handumdrehen zu einer feinen Farce. Wenn man öfter Fischklößchen oder -pasteten zubereitet, ist dieses kleine Gerät sehr nützlich.

Fischpfanne
Wer seine Fische gerne mit Kopf und Schwanz brät, bei dem sollte eine spezielle Fischpfanne nicht fehlen. Die ovale Pfannenform paßt optimal zur Form des Fisches. Der Rand der Pfanne ist relativ niedrig, und der Fisch kann ohne Probleme gewendet und entnommen werden.

Fischkasserolle
Durch die ovale Form des Kessels und den passenden Siebeinsatz ist es möglich, einen ganzen Fisch, aber auch Teilstücke, zu kochen, zu pochieren oder schonend zu dämpfen, ohne daß der Fisch zerfällt.

Grillkorb für Fische
Der Fisch wird in einen Fischkorb aus Metall eingeklemmt und kann ohne Verletzung der Haut leicht über dem Grill gewendet werden.

Dämpfkorb
Garen über Dampf hat sich zur aromaschonendsten Garweise entwickelt und wird immer häufiger praktiziert. Sehr preiswert und äußerst funktionell sind die chinesischen Bambuskörbe. Fisch und eventuell Gemüse in den Korb geben und diesen in einen passenden Topf oder Wok setzen. Es können jederzeit auch mehrere Körbe übereinandergestapelt werden.

Feinmaschiges Spitzsieb
Dieses Sieb ist zum Durchpassieren von Fischfonds eine nützliche Hilfe. Entscheiden Sie sich am besten für ein Metallsieb. Es ist widerstandsfähig und hitzeunempfindlich.

Sauteuse
Die Stielpfanne mit hohem, schrägen Rand ist ideal zum Aufschlagen von Saucen geeignet. Außerdem kann man kleine Meerestiere sehr gut »durchschwenken«.

Stabmixer
Zu vielen Fischgerichten sind leichte, luftige Saucen ein besonderer Genuß. Am schaumigsten werden die Saucen, wenn man sie kurz vor dem Servieren mit einem Stabmixer aufschlägt.

Butterpfännchen
In dem kleinen, runden Pfännchen mit einem hohen Rand kann Butter zerlassen oder warmgehalten werden. Eine Schnaupe ermöglicht das gezielte Ausgießen der Butter in einem dünnen Strahl.

Fischheber
Der Heber hat ein breites, oftmals gebogenes Blatt, das mit Löchern versehen ist. Der Fisch kann im Ganzen aus der Pfanne oder dem Sud gehoben werden. Der Fisch rutscht nicht vom Heber, der Sud oder das Fett kann durch die Löcher ablaufen.

Hummerzange und -gabel
Die Zange erleichtert das Aufknacken des Panzers und der Scheren. Mit der Gabel kann man das köstliche Fleisch mühelos herausziehen. Die Zange kann auch zum Öffnen anderer Schaltiere verwendet werden.

Abkürzungen für Maßangaben:

l, ltr	Liter
ml	Milliliter
kg	Kilogramm
g	Gramm

1000 g = 1 kg = 1 l
1 g = 1 ml = 1 ccm
Prise = die Menge, die Sie zwischen zwei Fingern halten können.

Msp	Messerspitze
EL	Eßlöffel
TL	Teelöffel

Richtwerte für Maßangaben:
Gewicht verschiedener Lebensmittel, bezogen auf einen gestrichenen EL/TL:

Lebensmittel	1 EL	1 TL
Salz	15 g	5 g
Öl	12 g	4 g
Butter, Margarine	15 g	5 g

1 Tasse = 125 ml
1 Suppenteller = 250 ml

Fisch schuppen

Die meisten Fische besitzen ein Schuppenkleid, das vor dem Garen entfernt werden muß. Normalerweise macht das der Fischhändler. Wenn man jedoch frische Fische von einem Hobbyangler bekommt, muß man sie selber entschuppen.

1. Mit einer Allzweckschere die Flossen des unausgenommenen Fisches in Richtung des Kopfes abschneiden.

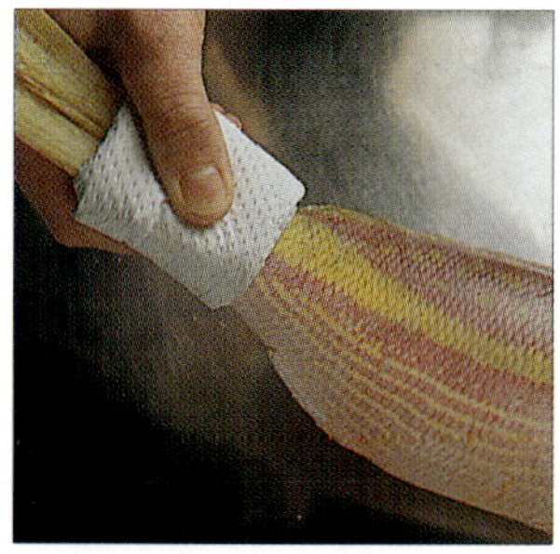

2. Über einem Spülbecken den Fisch mit einem Küchenpapier am Schwanz festhalten.

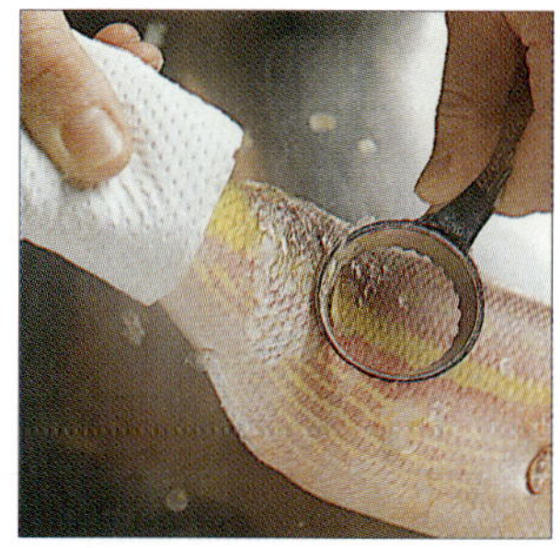

3. Mit einem Fischentschupper oder dem Rücken eines stabilen Messers die Schuppen zum Kopf hin abschaben.

Fisch ausnehmen

Beim Ausnehmen der Fische muß unbedingt darauf geachtet werden, daß die Galle nicht verletzt wird. Die Gallenflüssigkeit schmeckt bitter und macht den Fisch ungenießbar.

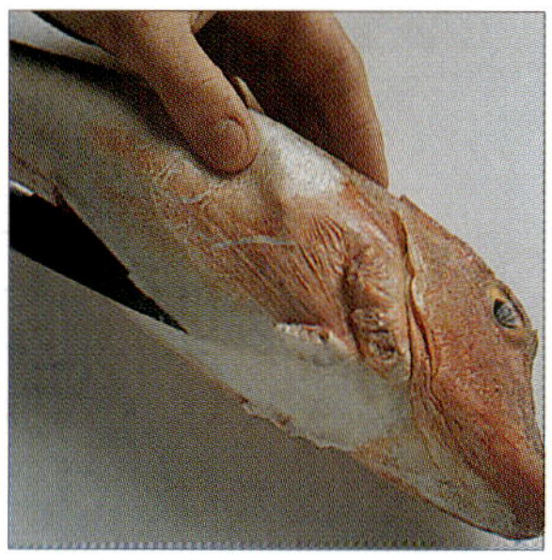

1. Den Fisch festhalten und den Bauch mit einem flachen Schnitt von der Afteröffnung zum Kopf hin aufschneiden.

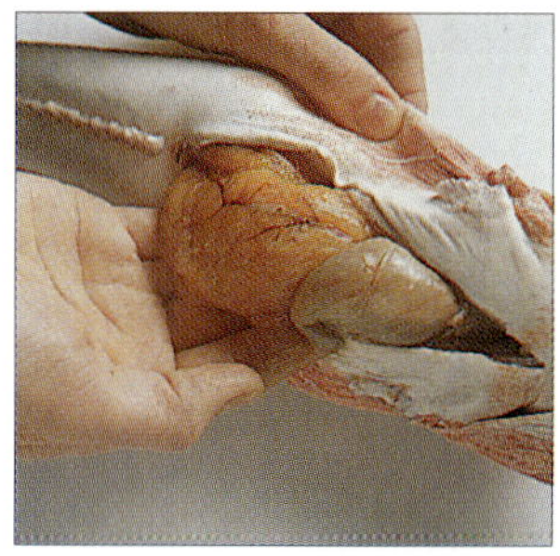

2. Die Bauchlappen auseinanderbiegen und die Eingeweide mit der Hand von der Afteröffnung lösen und herausziehen.

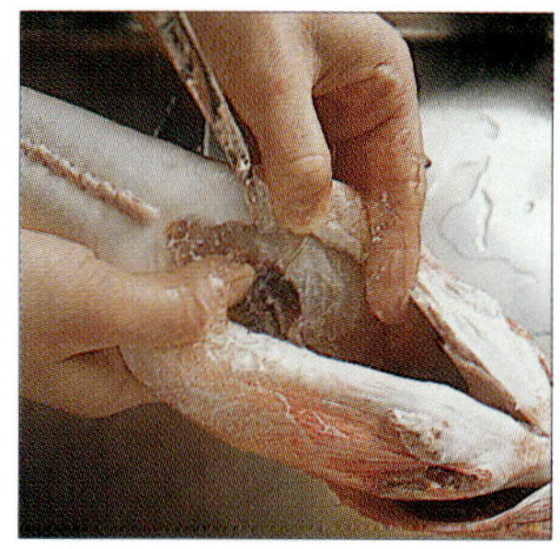

3. Die an der Mittelgräte entlanglaufende Niere mit dem Daumennagel unter fließendem Wasser herausschaben.

Fisch säubern

Werden die Fische im Ganzen gebraten, müssen unbedingt die Kiemen entfernt werden, da diese einen bitteren Geschmack haben. Will man den Fisch anschließend »blau« kochen, darf er nur innen gründlich ausgespült werden, niemals außen.

1. Die Kiemen mit der Allzweckschere an der Ansatzstelle abschneiden und herausziehen.

2. Bauchhöhle und Mundöffnung unter fließendem kalten Wasser kurz, aber gründlich, säubern.

3. Den Fisch auf ein Küchenpapier oder -tuch legen und damit innen und außen trokkentupfen.

Plattfisch häuten

Ob man nur die dunkle Hautseite der Plattfische oder auch die farblose Seite, auch Blindseite genannt, entfernt, hängt von der anschließenden Zubereitung ab.

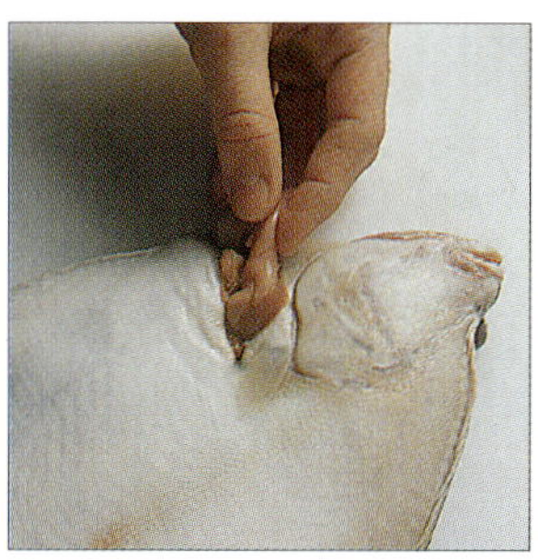

1. Die Haut auf der hellen Seite unterhalb der Kopfflosse einschneiden und die Innereien entfernen. Den Fisch wenden.

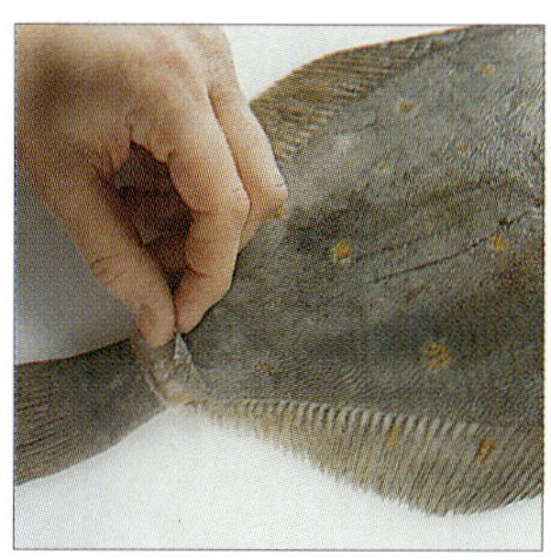

2. Den Schwanz festhalten. Mit einem Messer die Haut am Schwanzende einritzen und vom Schwanzende lösen.

3. Die Haut mit Hilfe eines Küchenpapiers am gelösten Ende fassen und mit einem Ruck zum Kopf hin wegziehen.

Rundfisch filetieren

Wer nicht so gerne bei Tisch das Fleisch von den Gräten löst, sollte Rundfische wie Forelle oder Saibling vor der Zubereitung filetieren.

1. Den Fisch auf ein Brett legen und den Kopf mit einem scharfen Messer direkt hinter den Kiemen abschneiden.

2. Mit einem Filetiermesser den Rücken der Länge nach einschneiden und eine Fleischseite von der Mittelgräte lösen.

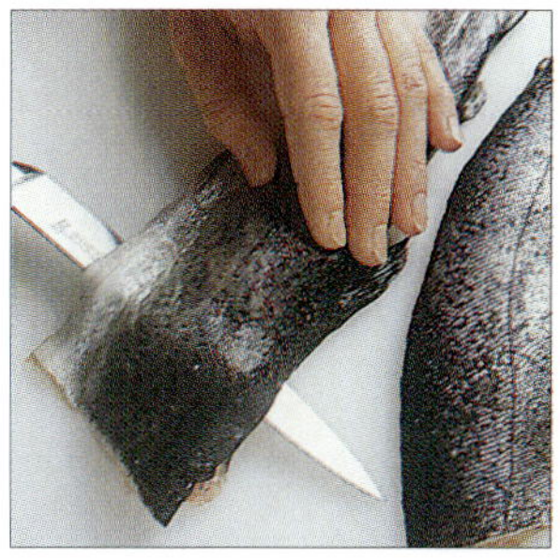

3. Den Fisch wenden und die zweite Seite von der Mittelgräte lösen. Kleinere Gräten mit der Pinzette herausziehen.

Karpfen spalten

Karpfen wird häufig portionsweise im heißen Fett ausgebacken oder geräuchert. Dazu sollte man den Fisch spalten.

1. Kopf festhalten, mit einem spitzen Sägemesser von der Bauchseite her hinter dem Kopf die Mittelgräte durchstechen.

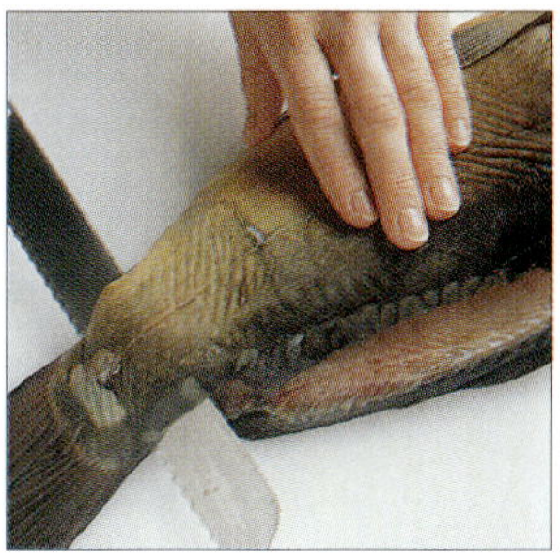

2. Den Karpfen mit einem Schnitt entlang der Mittelgräte vom Kopf zum Schwanz hin durchtrennen.

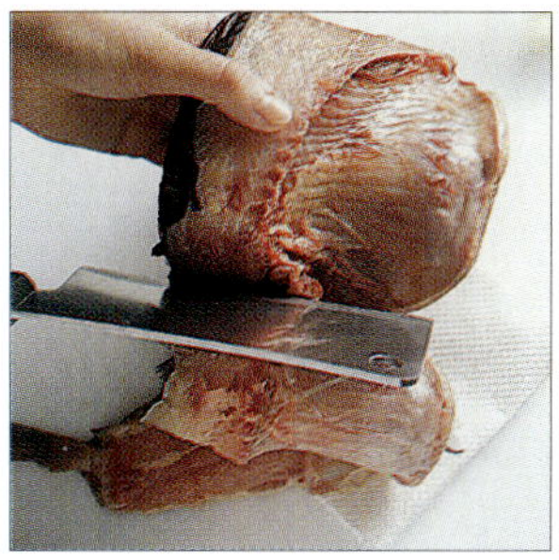

3. Karpfen mit dem Maul auf ein Küchenpapier stellen, eine Hälfte festhalten und den Kopf mit dem Beil durchtrennen.

Fisch portionieren

Größere Rundfische wie Hecht, Zander oder das Schwanzstück des Kabeljaus eignen sich gut zum Portionieren. Der Fisch muß vor dem Portionieren ausgenommen werden.

1. Mit einem großen Messer oder einem Beil den Kopf abtrennen. Die Flossen mit einer Allzweckschere entfernen.

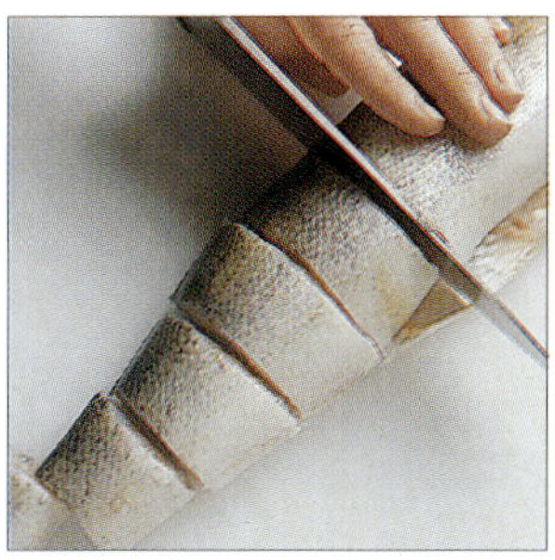

2. Mit einem großen Messer den Fisch in etwa 3 cm breite, gleichgroße Stücke schneiden.

3. Die abstehenden Bauchlappen mit einem Zahnstocher fest zusammenstecken.

Fisch zum Füllen vorbereiten

Wenn man einen Fisch füllen möchte, kauft man ihn am besten noch mit den Eingeweiden. Der Fisch wird dann vom Rücken her entgrätet, kann von oben gefüllt werden und behält so, gut verschnürt, seine Form.

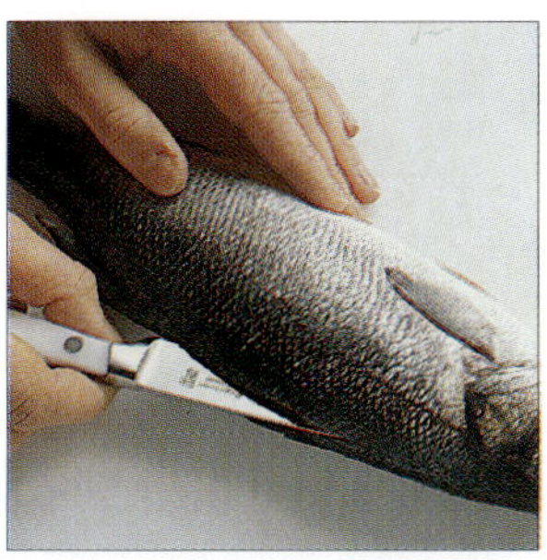

1. Mit einem kurzen Messer den Fisch am Rücken beidseitig der Mittelgräte vom Kopf zum Schwanz einschneiden.

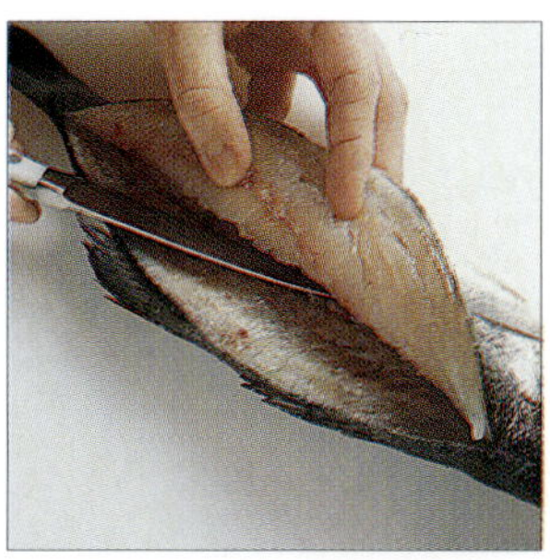

2. Die Schnitte entlang der Bauchgräten weiterführen, bis das ganze Skelett freigelegt ist.

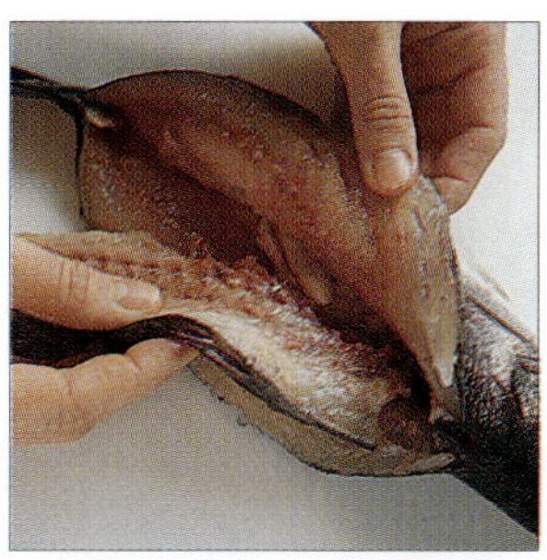

3. Das Rückgrat an Kopf und Schwanz durchtrennen und mit den Eingeweiden vorsichtig herausholen.

SCAMPI ODER GARNELEN AUSBRECHEN

Scampi und Garnelen werden zwar oftmals verwechselt, das köstliche Fleisch wird aber auf die gleiche Art und Weise aus dem Panzer des Schwanzes gelöst. Die Zubereitungsmöglichkeiten sind äußerst vielfältig.

1. Scampi oder Garnelen an Kopf und Schwanz fassen und mit einer Drehbewegung den Kopf vom Schwanz trennen.

2. Den Panzer mit Zeigefinger und Daumen zusammendrücken, bis die harte Schale zerspringt.

AUSTERN ÖFFNEN

Für Feinschmecker ist das Fleisch der Austern ein unwiderstehlicher Genuß. Entweder wird es lebend-frisch gegessen oder vor dem Verzehr gegart.

1. Die Austern mit einer Bürste gründlich unter fließendem kalten Wasser reinigen.

2. Die Austern mit der gewölbten Seite nach unten auf ein Küchentuch legen und so in die Hand nehmen.

JAKOBSMUSCHELN ÖFFNEN

Aufgrund ihres schönen Äußeren wird das Muschelfleisch oft in der Schale serviert. Diese muß dann sorgfältig unter fließendem kalten Wasser gesäubert werden. Man kann das köstliche Fleisch aber auch bereits ausgelöst kaufen.

1. Die Muscheln unter fließendem kalten Wasser mit einer Bürste gründlich reinigen.

2. Die Muschel mit der gewölbten Seite nach unten auf ein Küchentuch legen und so in die Hand nehmen.

TINTENFISCHE SÄUBERN

Unter dem Namen Tintenfisch sind diese Meeresbewohner wesentlich besser bekannt als unter der offiziellen Bezeichnung Sepia. Wie der Name schon sagt, besitzen die Tiere ein kleines Säckchen, in dem eine schwarze, tintenähnliche Flüssigkeit enthalten ist, und dieses muß sorgsam entfernt werden.

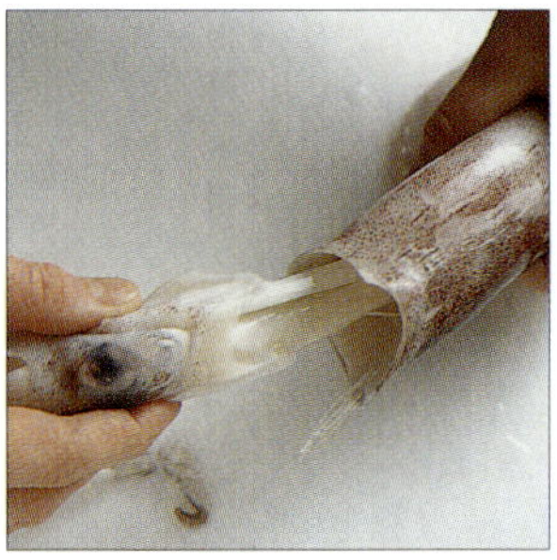

1. Kopf und Arme (Tentakel) in die Hand nehmen und mitsamt den Eingeweiden aus dem Körperbeutel ziehen.

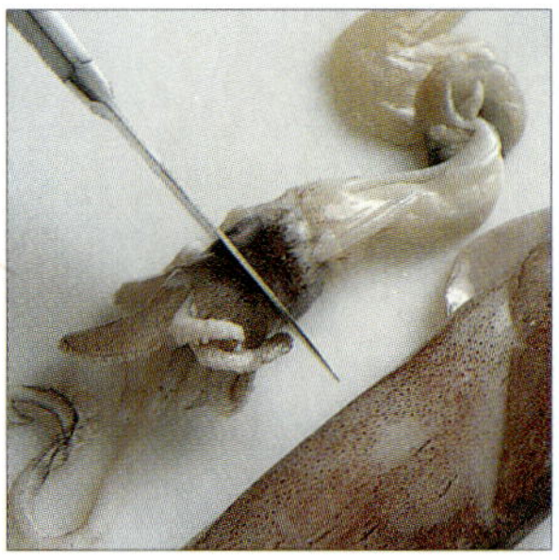

2. Die Arme knapp unter den Augen so vom Kopf abtrennen, daß sie noch durch einen dünnen Ring verbunden bleiben.

3. Die Unterseite des Panzers mit beiden Händen auseinanderbrechen und das Fleisch herausdrücken.

4. Mit einem kleinen, spitzen Messer das Fleisch am Rücken so tief einschneiden, bis der schwarze Darm sichtbar wird.

5. Das Fleisch auseinanderklappen und den Darm freilegen.

6. Den dünnen Darm vorsichtig mit der Messerspitze aus dem Fleisch lösen.

3. Mit der Spitze des Austernmessers in die kleine Öffnung des Gelenkes stechen und das Gelenk durchtrennen.

4. Das Messer entlang der oberen Schale führen, den Muskel durchtrennen. Dann die obere Schale entfernen.

5. Eventuell vorhandene Splitter entfernen. Achtung: Die enthaltene Flüssigkeit sollte auf keinen Fall verlorengehen.

6. Muskel, der das Fleisch an der Schale festhält, mit dem Messer durchtrennen. Das Muschelfleisch lösen.

3. Mit einem kurzen, kräftigen Messer am Schalenrand entlangfahren und dabei den Schließmuskel durchtrennen.

4. Den Deckel abheben, das Fleisch rundherum mit dem Messer von der Schale lösen und herausheben.

5. Das weiße Muskelfleisch (Nuß) und den orangeroten Rogen (Corail) von den grauen Rändern befreien.

6. Das Fleisch mehrmals gründlich waschen, damit störende Sandkörner herausgespült werden.

3. Tentakel so in beide Hände nehmen, daß der Mund oben liegt. Das Kauwerkzeug von unten herausdrücken.

4. Mit den Fingern das durchsichtige Fischbein aus dem Körperbeutel nehmen. Die hauchdünne Haut abziehen.

5. Die eßbaren Teile wie Arme und Körper gründlich unter fließendem kalten Wasser waschen, trockentupfen.

6. Möchte man die Tinte mitverwenden, muß man den Tintenbeutel vorsichtig aus den Eingeweiden lösen.

BLAUKOCHEN

Es heißt zwar »blaukochen«, aber eigentlich werden Forellen, Saiblinge, Felchen, junge Hechte oder Karpfen – alles Fische, die von einer klaren Schleimschicht umgeben sind – bei geringer Temperatur pochiert. Die Schleimschicht ermöglicht eine Blaufärbung, die durch einen kräftigen Schuß Essig im Sud noch verstärkt wird.

Für 4 Personen
Zubereitungszeit: 45 Minuten

1 Bund Suppengrün
1 Zwiebel, 2 1/2 l Wasser
100 ml guter Weißweinessig
2 EL Salz, 1 Lorbeerblatt
1 Thymianzweig
1 TL weiße Pfefferkörner
4 möglichst fangfrische Forellen (à 250 g)

1. Das Suppengrün waschen und die Zwiebel schälen. Alles in kleine Würfel schneiden und in einen Fischtopf geben.

SCHONEND DÄMPFEN

Fischfilets sowie ganze Fische können auf diese Weise zubereitet werden. Das Dämpfen ist die sanfteste aller Zubereitungsarten: Das Fischfleisch zerkocht nicht und laugt nicht aus, der Eigengeschmack der Fische bleibt erhalten.

Für 4 Personen
Zubereitungszeit: 20 Minuten

4 Glattbuttfilets (à 200 g)
Salz
frisch gemahlener weißer Pfeffer
2 cl Noilly Prat
4 Schalotten
40 g Butter
400 g junger Blattspinat
frisch geriebene Muskatnuß

1. Filets waschen und trockentupfen. Mit Salz und Pfeffer einreiben, mit Noilly Prat beträufeln und kühl stellen.

IN DER PFANNE BRATEN

Bei der klassischen Zubereitung nach »Müllerinart« sorgt ein hauchdünner Mehlmantel dafür, daß der Fisch saftig bleibt und eine zarte Kruste bekommt. Sehr gut eignen sich für diese Zubereitungsart neben Renken vor allem Forellen, Seezungen und Schollen. Aber auch Merlane schmecken, auf diese Weise gegart, köstlich.

Für 4 Personen
Zubereitungszeit: 30 Minuten

4 Renken (à 250 bis 300 g)
Salz
frisch gemahlener Pfeffer
4 Petersilienzweige
etwa 4 EL Mehl oder Dunst
100 g Butter
8 Salbeiblätter

1. Fische waschen, trockentupfen und mit Salz und Pfeffer würzen. In die Bauchhöhlen je einen Petersilienzweig legen.

IM BACKOFEN GAREN

Ein ganzer, im Rohr gebratener Fisch ist ein Hochgenuß. Bei der Zubereitung braucht er allerdings seine Zeit, nicht zuletzt wegen seines Gewichts. Im Zeitalter der »schnellen Küche« und der Singlehaushalte kommt diese Zubereitungsart deswegen viel zu kurz. Wichtig für ein saftiges Bratergebnis sind niedrige Temperaturen!

Für 4 Personen
Zubereitungszeit: 1 Stunde

2 dicke Lauchstangen (500 g)
40 g Butter
Salz, frisch gemahlener Pfeffer
frisch geriebene Muskatnuß
200 ml Sahne
1 mittelgroßer Schellfisch (etwa 1,8 kg)
Saft von 1 Zitrone

1. Lauch putzen und in Streifen schneiden. Butter in einem ovalen Schmortopf erhitzen und den Lauch andünsten.

2. Mit Wasser und Essig aufgießen. Salz, Kräuter und Pfefferkörner dazugeben und 30 Minuten köcheln lassen.

3. Mit Hilfe einer Dressiernadel Küchengarn durch Schwanz und Kiemendeckel der Fische ziehen und verknoten.

4. Forellen auf dem Siebeinsatz in das siedende Wasser geben. Bei schwacher Hitze 12 bis 15 Minuten pochieren.

5. Die Fische mit dem Siebeinsatz herausheben. Die Forellen mit flüssiger Butter und Zitronenspalten servieren.

2. Schalotten schälen, der Länge nach halbieren und in feine Streifen schneiden. In 20 g Butter kurz andünsten.

3. Spinat verlesen, waschen und mit den Schalotten in einen Dämpfkorb geben. Mit Salz und Muskat würzen.

4. In einen Topf 3 cm hoch Wasser gießen, salzen, erhitzen, Korb hineinstellen und Gemüse 3 Minuten dämpfen.

5. Filets auf dem Spinat verteilen, restliche Butter darübergeben und bei schwacher Hitze ca. 4 Minuten dämpfen.

2. Mehl oder Dunst auf einen Teller streuen. Die Fische darin wenden und überschüssiges Mehl abklopfen.

3. Butter mit Salbeiblättern in einer Fischpfanne aufschäumen lassen und die Fische hineinlegen.

4. Die Fische 6 bis 8 Minuten bei mittlerer Hitze braten, dabei immer wieder mit dem heißen Bratfett begießen.

5. Die Fische mit wenden und die zweite Seite in 5 bis 8 Minuten goldbraun braten.

2. Mit Salz, Pfeffer und Muskat würzen. Mit Sahne aufgießen, kurz durchkochen lassen. Backofen auf 180° C vorheizen.

3. Fisch mit Salz und Pfeffer einreiben. Innen und außen mit Zitronensaft beträufeln und auf das Gemüsebett legen.

4. Den Topf mit einem Deckel verschließen und den Fisch 30 Minuten auf der mittleren Schiene im Backofen garen.

5. Den Fisch ohne Deckel in 15 Minuten fertigbraten. Garprobe: Die Rückenflosse läßt sich leicht herausziehen.

FISCHFOND

Ein aromatischer Fischfond ist für die Zubereitung vieler Saucen und Suppen und als schmackhafter Aufguß bei gedünstetem Fisch unerläßlich. Die Zutaten sind preiswert, und die Zubereitung ist einfach. Als Fischabfälle verwenden Sie Gräten, Flossen und Köpfe der Fische. Die Haut von fetten Fischen sowie die Kiemen können den Wohlgeschmack trüben und sollten nicht verwendet werden!

Für 4 Personen
Zubereitungszeit: 30 Minuten

1,5 kg Fischabfälle
1 Lauch- und 2 Selleriestangen
2 Schalotten, 2 kleine Petersilienwurzeln, 40 g Butter
1/4 l trockener Weißwein
2 l Wasser
Salz, 8 weiße Pfefferkörner
1 Lorbeerblatt

1. Fischabfälle in ein Sieb geben. Unter fließendem kalten Wasser säubern, bis das Wasser klar abläuft.

HUMMERSAUCE

Hummer- oder Langustenkarkassen sollten Sie niemals in den Abfall geben. Aus ihnen können Sie klassische sowie extravagante Saucen zaubern. Diese machen jedes Gericht zu einem Erlebnis.

Für 4 Personen
Zubereitungszeit: 40 Minuten

Karkassen von 2 gekochten Hummern oder Langusten
1 Möhre, 100 g Knollensellerie
3 Schalotten, 2 EL Olivenöl
je 1 Petersilien- und Thymianzweig, Salz, 1 EL Tomatenmark
2 cl Cognac, 400 ml Fischfond
100 g eiskalte Butter

1. Karkassen säubern und in grobe Stücke hacken. Gemüse kleinschneiden und in heißem Öl andünsten.

WEIN-SAHNE-SAUCE

Da oftmals beim Garen von Fisch und Meeresfrüchten keine Sauce entsteht, muß man sie separat zubereiten. Eine Sauce, die mit Weißwein zubereitet wurde, paßt hervorragend. Abwechslung bekommt man, wenn andere Kräuter oder Gewürze oder Orangensaft statt Zitronensaft verwendet werden.

Für 4 Personen
Zubereitungszeit: 20 Minuten

2 Schalotten, 20 g Butter
1/8 l trockener Weißwein
400 ml Fischfond, 4 weiße Pfefferkörner, 200 ml Sahne
Salz, Cayennepfeffer
1 EL Zitronensaft
2 EL feingeschnittener Dill
1 EL geschlagene Sahne

1. Schalotten in Würfel schneiden und in Butter andünsten. Mit Wein ablöschen und um die Hälfte einkochen lassen.

BUTTERSAUCE

Dieser Klassiker ist für Gourmets sicherlich die harmonischte Kombination von Fisch und Sauce. Es werden zwar keine ausgefallenen Zutaten verwendet, bei der Zubereitung benötigt man aber ein wenig Fingerspitzengefühl. Mit der nebenstehenden Anleitung gelingt die Sauce bestimmt!

Für 4 Personen
Zubereitungszeit: 15 Minuten

2 Schalotten, 100 ml Weißwein
100 ml Fischfond
1 EL Estragonessig
1 EL Weißweinessig
150 g eiskalte Butter
Salz
frisch gemahlener weißer Pfeffer
2 EL geschlagene Sahne

1. Schalotten schälen und in Würfel schneiden. Mit Wein, Fischfond und dem Essig in eine Sauteuse gießen.

2. Das Gemüse waschen, putzen und kleinschneiden. Die Butter zerlassen und das Gemüse darin andünsten.

3. Fischabfälle mit andünsten. Wein und Wasser aufgießen, Gewürze dazugeben und kurz aufkochen lassen.

4. Halb zugedeckt 20 Minuten bei schwacher Hitze köcheln lassen, dabei den sich bildenden Schaum abschöpfen.

5. Ein Spitzsieb mit einem Mulltuch auslegen. Die Brühe sofort abgießen, da sie sonst leimig wird.

2. Die Karkassen dazugeben und unter Rühren bei mittlerer Hitze mit andünsten. Die Kräuter dazugeben, salzen.

3. Das Tomatenmark unterrühren, mit Cognac ablöschen und mit Fischfond aufgießen. Einmal aufkochen lassen.

4. Im halbgeschlossenen Topf 20 Minuten sanft köcheln lassen. Durch ein Spitzsieb passieren, Karkassen ausdrücken.

5. Den Fond um ein Drittel einkochen lassen. Die Butter nach und nach mit dem Stabmixer unterschlagen.

2. Mit Fischfond aufgießen, Pfefferkörner dazugeben und auf die Hälfte einkochen lassen. Mit Sahne aufgießen.

3. Sanft köcheln lassen, bis die Sauce sämig ist. Durch ein Sieb passieren und mit Salz, Pfeffer und Zitronensaft würzen.

4. Die Sauce mit einem Stabmixer schaumig aufschlagen, damit sie luftig wird.

5. Den Dill unter die Sauce rühren und zum Schluß die Schlagsahne unterziehen.

2. Auf 3 Eßlöffel einkochen lassen. Durch ein Sieb zurück in die Sauteuse gießen. Butter in kleine Stücke schneiden.

3. Unter Schlagen mit einem Schnee- oder Spiralbesen ein Butterstück dazugeben. Die Sauce darf dabei nicht kochen.

4. Erst wenn das Butterstück geschmolzen ist und sich mit der Flüssigkeit verbunden hat, das nächste Stück dazugeben.

5. Sobald die Sauce sämig ist, mit Essig, Salz und Pfeffer abschmecken und die Sahne unterziehen. Sofort servieren.

RUNDFISCHE TRANCHIEREN

Aus Angst vor vielen Gräten bereiten die meisten lieber Fischfilets zu. Wird der gegarte Fisch aber fachgerecht zerlegt, ist der anschließende Verzehr ein fast grätenloser Genuß.

1. Rückenflosse mit Hilfe des Fischbestecks entfernen. Die Haut entlang des Rückens einschneiden.

2. Die Haut mit Hilfe des Fischmessers am Kopf lösen und über das Messer zum Schwanz hin aufrollen.

PLATTFISCHE TRANCHIEREN

Steinbutt, Glattbutt oder Seezunge werden oftmals bereits beim Einkauf vom Fischhändler filetiert. Gart man die Fische im Ganzen, wird das Fleisch aber wesentlich saftiger. Dann ist Tranchieren bei Tisch angesagt!

1. Plattfisch mit der dunklen Hautseite nach unten auf ein doppelt gefaltetes Küchenpapier legen.

2. Die Haut entlang des Flossensaums einschneiden und die Randgräten herausziehen. Dann entweder:

HUMMER TRANCHIEREN

Im Restaurant werden Hummer oder Langusten üblicherweise tafelfertig serviert. Bereitet man die Krustentiere zu Hause zu, können Sie mit der nachfolgenden Anleitung beim Tranchieren nichts mehr falsch machen.

1. Mit einem Küchenpapier den Brustpanzer festhalten und die Scheren an den Gelenken herausdrehen.

2. Mit einem großen Messer den Körper der Länge nach vom Rumpf zum Schwanzende hin durchschneiden.

LACHS SCHNEIDEN

Das orangerote Lachsfleisch ist roh, mariniert oder geräuchert überaus beliebt, da man daraus auf einfache Weise köstliche Gerichte zubereiten kann. Wie kaum bei einer anderen Fischart gibt es aber gerade bei Lachsen enorme Qualitätsunterschiede.

1. Bei einem frischen Lachsfilet mit einer Pinzette die Gräten herausziehen. Die gräulichen Kanten abschneiden.

2. Das Filet in dünne Scheiben schneiden und zwischen Folie flachklopfen oder in winzige kleine Würfel schneiden.

3. Messer am Kopf ansetzen und unter dem Fischfleisch oberhalb der Mittelgräte entlangführen. Das Filet lösen.

4. Das obere Filet auf einen Teller legen und die kleineren Gräten mit dem Fischmesser entfernen.

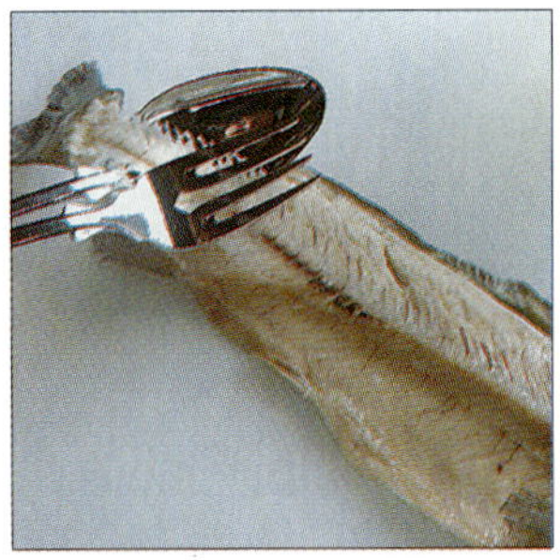

5. Schwanzflosse zwischen Löffel und Gabel einklemmen und so die Mittelgräte sorgfältig vom unteren Filet abziehen.

6. Kopf vom Filet abtrennen. Messer flach zwischen Filet und Haut führen und das Filet von der Haut heben.

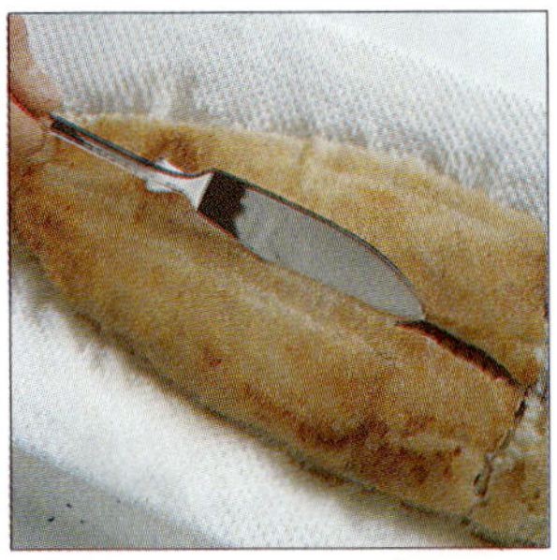

3. Die Haut entlang der Mittelgräte einschneiden und mit Hilfe der Gabel beide Filets mit der weißen Haut abheben.

4. Die Mittelgräte an der Kopfseite fassen, zwischen Gabel und Löffel einklemmen und abheben.

5. Das Messer flach zwischen Filets und Haut führen. Filets abheben. Die geleehaltige Haut bleibt am Papier kleben.

6. Oder: Mit Hilfe von zwei Gabeln jeweils zwei Filets gleichzeitig von der Mittelgräte abziehen.

3. Hummer drehen und den Kopf auf die gleiche Weise durchtrennen. Es entstehen zwei gleichgroße Hälften.

4. Leber und nichtgenießbare Teile entfernen. Den Darm vorsichtig herausziehen, damit er nicht reißt.

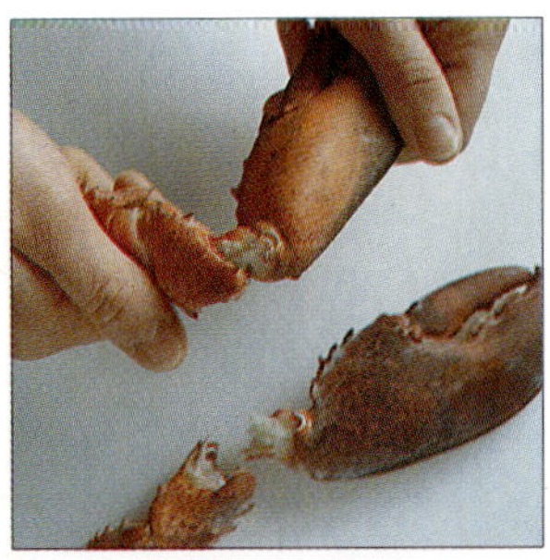

5. Kleine Scherenzange und unteres Glied durch gegenläufiges Drehen von der großen Schere abtrennen.

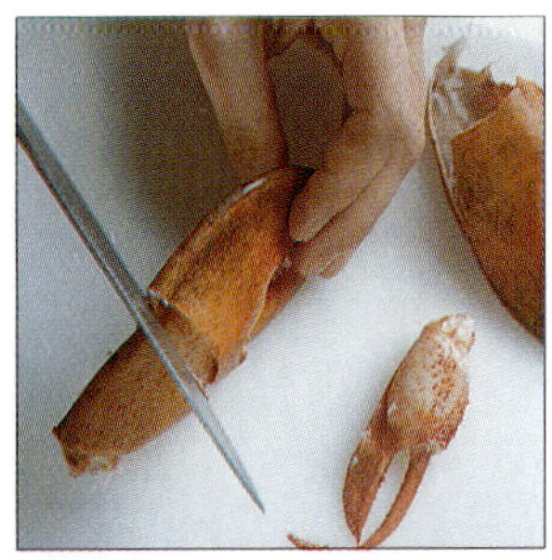

6. Große Schere mit einem schweren Messer anschlagen, auseinanderbrechen und das Fleisch auslösen.

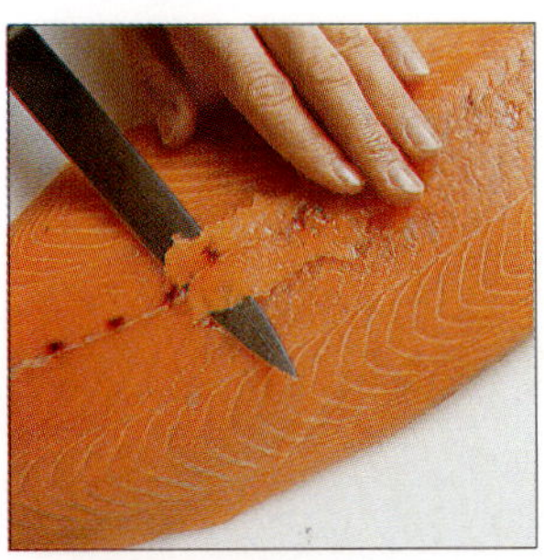

3. Den Räucherlachs auf ein Brett legen und mit einem scharfen Messer parieren.

4. Mit einer Pinzette die Gräten herausziehen, vom Räuchern dunkel gewordene Stellen wegschneiden.

5. Ein langes, biegsames Lachsmesser fast parallel zum Brett halten und das Filet in dünne Scheiben schneiden.

6. Gräuliche Stellen während des Aufschneidens immer wieder herausschneiden. Sie schmecken leicht tranig!

KALTE UND WARME VORSPEISEN

Leichtbekömmlich, raffiniert und dennoch rasch zubereitet – das sind die unschlagbaren Vorzüge köstlicher Vorspeisen aus Fisch und Meerestieren.

FEINER FISCHSALAT MIT SPARGEL

Fischsalate sind einfach in der Zubereitung, hervorragend im Geschmack und zudem noch leicht bekömmlich. Gemeint sind allerdings nicht die üppigen Salate, die mit Mayonnaise zubereitet werden, sondern Salate mit gedämpftem Fisch, bißfest gegartem Gemüse und einer zartwürzigen Vinaigrette, die den Eigengeschmack des Fischs unterstützt.

Für 4 Personen
Zubereitungszeit: 45 Minuten

- 2 Seezungenfilets (à 70 g)
- einige junge Spinatblätter, Salz
- frisch gemahlener weißer Pfeffer
- je 4 weiße und grüne Spargelstangen, 1 Prise Zucker
- 3 Tomaten, 4 Frühlingszwiebeln
- 1 Bund Rucola
- 200 g Seeteufelfilet
- 4 ausgelöste Jakobsmuscheln

Für die Vinaigrette:

- 1/2 TL Estragonsenf
- Salz, frisch gemahlener Pfeffer
- 1 TL Estragonessig
- 2 EL feiner Weißweinessig
- 2 EL Fischfond
- 4 EL Olivenöl, z. B. Olivenöl extra virgen
- 1 EL Walnußöl

1. Seezungenfilets zwischen Klarsichtfolie flachklopfen. Die Spinatblätter blanchieren und abschrecken. Die Seezungenfilets mit Salz und Pfeffer einreiben und mit dem Spinat belegen. Filets aufrollen, abdecken und etwa 15 Minuten in das Tiefkühlgerät stellen.
2. Die weißen Spargelstangen ganz, die grünen Stangen nur am unteren Ende schälen. Wenig Wasser mit Salz und Zucker erhitzen. Den weißen Spargel etwa 20 Minuten, den grünen etwa 10 Minuten darin garen.
3. Tomaten blanchieren, häuten, halbieren, entkernen und in kleine Würfel schneiden. Frühlingszwiebeln putzen und in dünne Ringe schneiden. Rucola verlesen, waschen und trockenschleudern.
4. Das Seeteufelfilet in dünne Scheiben schneiden, salzen und in einen Dämpfkorb geben. Im geschlossenen Topf 3 bis 4 Minuten garen.
5. Die Seezungenröllchen in 1/2 cm dicke Scheiben schneiden. Seeteufel aus dem Korb nehmen und nacheinander Seezunge und Muscheln darin jeweils 2 bis 4 Minuten garen .
6. Vier Teller mit Rucola auslegen. Die Spargelstangen in Stücke schneiden und mit Frühlingszwiebeln, Fisch und Muscheln gleichmäßig auf den Tellern verteilen.
7. Die angegebenen Zutaten zu einer Vinaigrette verrühren und über den Salat träufeln. Mit Tomatenwürfeln und Pfeffer bestreuen.

Pro Person:
Kalorien (kcal) 260
Eiweiß (g) 20
Fett (g) 14
Kohlenhydrate (g) 10

Ersetzen Sie das Seezungenfilet durch das schmackhafte Filet von Merlan (Wittling), ziehen Sie den preiswerteren Rotbarsch dem Seeteufel vor und verwenden Sie statt der teuren Jakobsmuscheln Miesmuscheln!

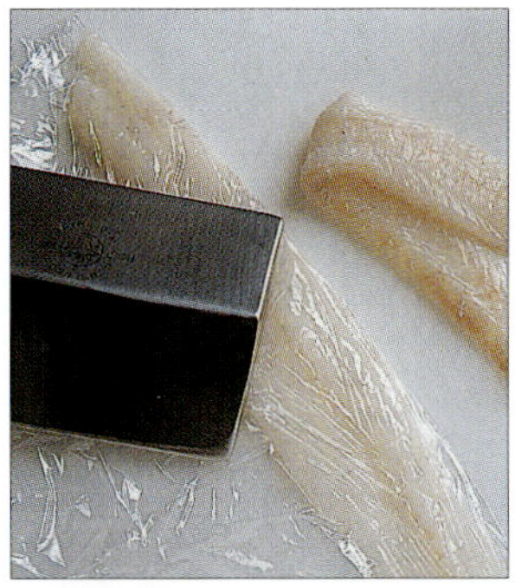

Fischfilet flachklopfen
Seezungenfilets kurz waschen und trockentupfen. Die Filets zwischen Klarsichtfolie legen und mit einem Plattelsen oder der platten Seite eines Hackbeils flachklopfen. Mit Salz und Pfeffer einreiben.

Filets aufrollen
Spinatblätter zum Blanchieren in ein Sieb legen, kurz in kochendes, dann in eiskaltes Wasser tauchen und abtropfen lassen. Die Fischfilets damit belegen und von der Längsseite her aufrollen. Mit Klarsichtfolie abdecken und etwa 15 Minuten tiefkühlen.

Gemüse vorbereiten
Weißen Spargel ganz, grünen Spargel nur am unteren Ende schälen und garen. Tomaten blanchieren, häuten, halbieren, entkernen und in Würfel schneiden. Frühlingszwiebeln putzen und in dünne Ringe schneiden. Rucola verlesen, waschen und in einer Salatschleuder trockenschleudern.

Fisch dämpfen
In einen Topf, in dem ein Dämpfkorb aus Bambus oder Metall Platz hat, zweifingerbreit Wasser füllen, salzen und zum Kochen bringen. Seeteufel und Seezungenröllchen in Scheiben schneiden und nacheinander im Dämpfkorb garen. Dann die Muscheln dämpfen.

Teller anrichten
Teller mit Rucola auslegen. Spargel in Stücke schneiden und mit Zwiebeln, Fisch und Muscheln darauf verteilen. Mit der Vinaigrette beträufeln und mit Tomatenwürfeln und Pfeffer bestreuen.

LACHSSALAT MIT CHAMPIGNONS

Für 4 Personen
Zubereitungszeit: 25 Minuten

200 g Lachsfilet, in dünne Scheiben geschnitten
200 g Champignons
2 Möhren
1 Handvoll Brunnenkresse
100 g Graved Lax, in Scheiben geschnitten
Für die Marinade:
4 EL Sahne
1 EL geriebener Meerrettich
Salz
frisch gemahlener weißer Pfeffer
Saft von 1 Zitrone
2 EL Keimöl

1. Das Lachsfilet über Dampf 2 bis 3 Minuten garen.
2. Champignons in dünne Scheiben schneiden. Möhren in feine Streifen schneiden und kurz blanchieren. Kresse verlesen, waschen und trockenschleudern.
3. Die angegebenen Zutaten zu einer Marinade verrühren. Sofort mit den Pilzen und den Möhren vermischen und auf vier Teller verteilen. Gedämpften Lachs und Graved Lax darauf anrichten und mit Kresse bestreuen.

Pro Person:
Kalorien (kcal) 250
Eiweiß (g) 16
Fett (g) 16
Kohlenhydrate (g) 4

MUSCHELSALAT MIT SPROSSEN

Für 4 Personen
Zubereitungszeit: 30 Minuten

2 Fleischtomaten
2 Schalotten
1 kleine Avocado
120 g gemischte Sprossen (z. B. Mungo-, Weizen- oder Linsensprossen)
1 kg Miesmuscheln
1/4 l Fischfond
2 EL frisch gehackte Kräuter
Für die Vinaigrette:
2 EL Weißweinessig
1 TL Aceto Balsamico
Salz
frisch gemahlener Pfeffer
3 EL Keimöl
1 EL Kürbiskernöl

1. Tomaten blanchieren, häuten, halbieren und entkernen. Die Schalotten schälen und wie die Tomaten in kleine Würfel schneiden. Avocado schälen, halbieren, den Kern entfernen und das Fleisch in Stücke schneiden.
2. Die angegebenen Zutaten zu einer Vinaigrette verrühren, über dem Gemüse und den Sprossen verteilen und marinieren lassen.
3. Die Miesmuscheln gründlich putzen und waschen. In dem Fischfond so lange garen, bis sich die Muscheln öffnen.
4. Muschelfleisch aus den Schalen lösen und unter den vorbereiteten Salat mischen. Zum Schluß die Kräuter unterheben.

Pro Person:
Kalorien (kcal) 250
Eiweiß (g) 17
Fett (g) 14
Kohlenhydrate (g) 9

TINTENFISCHSALAT MIT PAPRIKA UND OLIVEN

Für 4 Personen
Zubereitungszeit: 25 Minuten

- 2 gelbe Paprikaschoten
- 1 Gemüsezwiebel
- 50 g schwarze Oliven
- 1 bis 2 Knoblauchzehen
- 1 TL scharfer Senf
- Salz, frisch gemahlener Pfeffer
- 2 EL Weißweinessig
- 5 EL Olivenöl, z. B. Olivenöl extra virgen
- 250 g gegarte Tintenfischringe
- Saft von 1/2 Zitrone
- 1 EL frische Oreganoblätter

1. Die Paprikaschoten putzen, Zwiebel schälen und beides in feine Streifen schneiden. Olivenfleisch vom Kern schneiden.
2. Knoblauch schälen und fein zerdrücken. Mit Senf, Salz, Pfeffer, Essig und 4 EL Öl verrühren und mit dem Gemüse vermischen.
3. Restliches Öl erhitzen und die Tintenfischringe darin kurz anbraten. Salzen, mit Zitronensaft beträufeln und zugedeckt kurz schmoren lassen.
4. Tintenfischringe unter den Salat mischen. Mit Oregano bestreuen und etwa 30 Minuten marinieren lassen.

Pro Person:
Kalorien (kcal) 216
Eiweiß (g) 12
Fett (g) 15
Kohlenhydrate (g) 6

KRABBEN-BROCCOLI-SALAT

Für 4 Personen
Zubereitungszeit: 30 Minuten

- 300 g Broccoli
- Salz
- 1/2 rote Pfefferschote
- 250 g Nordseekrabben
- Saft von 1/2 Zitrone

Für die Salatsauce:

- 2 EL Crème fraîche
- Salz
- frisch gemahlener Pfeffer
- 1 bis 2 EL Weißweinessig
- 1 EL Olivenöl, z. B. Olivenöl extra virgen

Für die Garnitur:

- 2 hartgekochte Eier
- 4 Cocktailtomaten

1. Broccoli in kleine Röschen teilen und in Salzwasser bißfest garen, kalt abschrecken. Die Pfefferschote in winzige Würfel schneiden und mit den Krabben vermischen. Mit Zitronensaft beträufeln.
2. Die angegebenen Zutaten zu einer Salatsauce verrühren. Broccoli auf eine Platte geben, die marinierten Krabben darüber verteilen und mit der Salatsauce beträufeln.
3. Eier und Cocktailtomaten vierteln und den Salat damit garnieren.

Pro Person:
Kalorien (kcal) 217
Eiweiß (g) 21
Fett (g) 11
Kohlenhydrate (g) 5

SCAMPISALAT MIT PAPRIKASCHAUM

Sie wollen Ihre Gäste mit einer ganz besonderen, nicht alltäglichen Vorspeise verwöhnen? Dann probieren Sie doch einmal nachfolgende Kreation. Frische Scampi von bester Qualität harmonieren vorzüglich mit dem leicht süßlichen Geschmack vollreifer Paprikaschoten, und kleine, würzige Kapern sorgen für den nötigen Pep. Dazu ein knuspriges Weißbrot und fertig ist eine raffinierte kulinarische Überraschung!

Für 4 Personen
Zubereitungszeit: 45 Minuten

Für die Sauce:

- 2 gelbe Paprikaschoten
- 1 kleine Knoblauchzehe
- 1 Schalotte
- 2 EL Olivenöl, z. B. Olivenöl extra virgen
- 200 ml Hummerfond, Salz
- frisch gemahlener weißer Pfeffer
- etwas Cayennepfeffer
- 1 bis 2 TL Aceto Balsamico
- 2 EL geschlagene Sahne

Außerdem:

- 200 g junge grüne Bohnen
- Salz, 12 Scampi in der Schale
- 3 EL Olivenöl, z. B. Olivenöl extra virgen
- 1 Knoblauchzehe
- 2 EL möglichst kleine Kapern

1. Für die Sauce die Paprikaschoten waschen, halbieren und Stengelansätze sowie Samenstränge entfernen. Die Hälften in kleine Stücke schneiden. Knoblauchzehe und Schalotte schälen und kleinschneiden.
2. Olivenöl erhitzen und das Gemüse darin andünsten. Mit Hummerfond aufgießen, mit Salz, Pfeffer und Cayennepfeffer würzen und zugedeckt 20 Minuten bei schwacher Hitze köcheln lassen.
3. In der Zwischenzeit von den Bohnen die beiden Enden abknipsen und entfädeln. Salzwasser zum Kochen bringen und die Bohnen darin in etwa 10 Minuten bißfest garen. In eiskaltem Wasser abschrecken und auf einem Sieb abtropfen lassen.
4. Die Paprika mit einem Stabmixer fein pürieren und durch ein Sieb streichen. Mit Essig, Salz und Pfeffer würzen und kalt stellen.
5. Scampi mit der Schale halbieren. Den Darm mit einem spitzen Messer herauslösen.
6. Olivenöl in einer Pfanne erhitzen. Knoblauchzehe schälen und im Öl goldraun braten. Herausnehmen und die Scampihälften mit der Schale nach unten bei starker Hitze kurz anbraten. Wenden und bei schwacher Hitze in wenigen Minuten fertiggaren.
7. Die Paprikasauce mit dem Stabmixer nochmals schaumig aufschlagen, die Sahne locker unterziehen.
8. Bohnen und Scampihälften auf vier Tellern anrichten. Mit Paprikaschaum überziehen und mit den Kapern bestreuen.

Pro Person:
Kalorien (kcal) 233
Eiweiß (g) 8
Fett (g) 18
Kohlenhydrate (g) 7

Diese köstliche Vorspeise schmeckt auch mit kurzgebratenen Seeteufelfilets.

MEERESFRÜCHTESALAT

Meeresfrüchtesalate sind heute – bereits fix und fertig – fast in jedem Supermarkt erhältlich. Nachfolgend eine Version, die man garantiert nicht kaufen kann. Die Zubereitung erfordert zwar ein wenig Geduld, aber es lohnt sich!

Für 4 Personen
Zubereitungszeit: 50 Minuten
Marinierzeit: 1 Stunde

- 1 Lauchstange, Salz
- 1 kleine Fenchelknolle
- 1 kleine Mango
- 1 kleine rote Pfefferschote
- Saft von 1 Orange
- 5 EL Olivenöl, z. B. Olivenöl extra virgen
- 250 g Miesmuscheln
- 1/8 l Weißwein
- 100 g gegarte, geschälte Garnelen
- 150 g gegarte Tintenfischringe
- 1 feingehackte Knoblauchzehe
- Saft von 1 Zitrone
- 2 EL feingehackte Kräuter
- einige Salatblätter

1. Von der Lauchstange die Wurzeln und das grüne Ende entfernen. Die Stange erst in 5 cm lange Stücke, dann in feine Julienne schneiden. In kochendem Salzwasser kurz blanchieren, kalt abschrecken und abtropfen lassen.
2. Die Fenchelknolle längs halbieren, harten Strunk keilförmig herausschneiden und die Hälften in hauchdünne Streifen schneiden. Die Mango schälen, das Fruchtfleisch vom Kern lösen und in schmale Streifen schneiden. Die Pfefferschote fein hacken.
3. Alle vorbereiteten Zutaten vermischen und in Orangensaft und 3 EL Öl marinieren.
4. Miesmuscheln sorgfältig waschen und putzen. Den Wein zum Kochen bringen und die Muscheln darin zugedeckt garen, bis sich die Schalen öffnen. Muschelfleisch aus den Schalen lösen und mit Garnelen und Tintenfischringen vermischen.
5. Das restliche Öl in einer Pfanne mit dem Knoblauch erhitzen und die Meeresfrüchte darin kurz durchschwenken. Salzen, mit Zitronensaft beträufeln, mit Kräutern bestreuen und etwas abkühlen lassen.
6. Mit den übrigen Salatzutaten vermischen. Abdecken, kühl stellen und etwa 1 Stunde marinieren lassen. Dann mit den Salatblättern anrichten.

Pro Person:
Kalorien (kcal) 234
Eiweiß (g) 14
Fett (g) 14
Kohlenhydrate (g) 8

Ganz besonders fein wird der Salat, wenn man ihn mit Scampi, Jakobsmuscheln oder mit sautierten Austern zubereitet!

MATJESTATAR

Früher war Matjestatar ein eher bescheidenes Abendessen. Heute ist die schlesische Spezialität, das »Heringshäckerle«, auf vielen Speisekarten im hohen Norden zu finden. Vor allem im Mai und Juni, wenn gerade Fangzeit für Matjes ist. Dann haben die vor der Geschlechtsreife gefangenen Heringe den feinsten Geschmack. Da Matjes ganzjährig erhältlich ist, können Sie das Tatar jederzeit zubereiten.

Für 4 Personen
Zubereitungszeit: 20 Minuten

- 6 Matjesfilets
- 2 Schalotten
- 1 mittelgroßer Apfel
- frisch gemahlener Pfeffer
- 2 EL Keimöl
- 2 EL kleine Kapern
- 4 dünne Scheiben Vollkornbrot
- 40 g Butter
- 4 Cocktailtomaten
- 4 hartgekochte Wachteleier
- einige Dillzweige

1. Die Matjesfilets mit einem großen Küchenmesser oder einem Wiegemesser hacken. Die Schalotten schälen und fein hacken. Den Apfel schälen, entkernen und in kleine Würfel schneiden.

2. Alle vorbereiteten Zutaten vermischen, mit Pfeffer würzen und das Öl sowie die Kapern untermischen.

3. Die Brotscheiben mit der Butter bestreichen und das Tatar darauf verteilen. Cocktailtomaten und Wachteleier vierteln und mit dem Dill auf den Broten verteilen.

Pro Person:
Kalorien (kcal) 593
Eiweiß (g) 36
Fett (g) 34
Kohlenhydrate (g) 27

Das Matjestatar läßt sich nach eigenem Geschmack beliebig abändern:

- Rote Bete garen, schälen, in kleine Würfel schneiden und unter das Tatar mischen.
- Tomaten kurz blanchieren, häuten, halbieren und entkernen. Das Fleisch in Würfel schneiden und unter das Tatar rühren.
- Tatar mit wenig scharfem Senf oder etwas frisch geriebenem Meerrettich nachwürzen.
- Kartoffeln kochen, schälen, in Würfel schneiden und zu dem Tatar geben.

1

2

3

1. Matjesheringe in Sauerrahm (für 4 Personen)
4 Matjesfilets schräg in etwa 2 cm breite Streifen schneiden. 2 kleine Zwiebeln schälen und in dünne Ringe, 1 große Essiggurke in dünne Scheiben schneiden. 1 großen, säuerlichen Apfel vierteln, schälen, entkernen und die Viertel quer in feine Scheiben schneiden. Alle vorbereiteten Zutaten abwechselnd in einen Porzellan- oder Steinguttopf schichten. 200 g saure Sahne und 2 EL Crème fraîche mit etwas Zitronensaft glattrühren, mit frisch gemahlenem weißen Pfeffer und 1 Prise Zucker würzen. Die Sauce über die Heringe gießen, vermischen, abdecken und 5 bis 6 Stunden im Kühlschrank marinieren lassen. Mit Vollkornbrot servieren.

2. Matjesheringe in Rotweinmarinade (für 4 Personen)
4 Matjesfilets schräg in 2 cm breite Streifen schneiden. 1/4 l trockenen Rotwein mit 2 EL Rotweinessig, etwas Zucker, 2 Lorbeerblättern, 1 Stückchen unbehandelter Orangenschale, 8 Pfefferkörnern, je 1 Rosmarin- und Thymianzweig erhitzen und einige Minuten köcheln lassen. 2 kleine Zwiebeln schälen und in dünne Ringe schneiden. Die Matjesfilets mit den Zwiebelringen in einen Porzellan- oder Steinguttopf schichten. Die Rotweinmarinade durch ein Sieb darübergießen. Abdecken und 2 bis 3 Tage im Kühlschrank marinieren lassen.

3. Matjes-Sellerie-Salat (für 4 Personen)
1 kleine Sellerieknolle schälen und am besten mit der Aufschnittmaschine in dünne Scheiben schneiden. Die Scheiben in feine Streifen schneiden und mit dem Saft von 1/2 Zitrone beträufeln. 1 Orange schälen, so daß die weiße Haut völlig entfernt wird, dann filetieren. 4 Matjesfilets quer in schmale Streifen schneiden und mit Sellerie und Orange vermischen. 2 EL Crème fraîche und 2 EL saure Sahne glattrühren und mit frisch gemahlenem weißen Pfeffer, 1 TL frisch geriebenem Meerrettich, 1 EL Cognac, 1 Prise Zucker und wenig Salz würzen. Die Sauce mit den Salatzutaten vermischen und kurz durchziehen lassen. Mit feingeschnittenem Schnittlauch bestreut servieren. Dazu paßt Vollkornbrot.

MARINIERTE GRÜNE HERINGE

Ähnlich wie skandinavischer Graved Lax können auch andere Fische mariniert oder gebeizt werden. Wichtig ist nur, daß die Fische relativ fett sind, da sie sonst leicht zu trocken werden, und sie sollten frisch gefangen sein. Die marinierten Fische müssen bald verzehrt werden, da sie rasch verderben.

Für 4 Personen
Zubereitungszeit: 20 Minuten
Marinierzeit: 1 bis 2 Tage

- 4 mittelgroße Grüne Heringe
- 1 TL grobes Meersalz
- 1 TL Zucker
- 4 Pfefferkörner
- 2 Wacholderbeeren
- 1/2 Bund glatte Petersilie
- 2 Dillzweige
- 2 EL Gin

Für die Senfsauce:

- 2 EL feinwürziger Dijonsenf
- 2 EL Weißweinessig
- 1 TL Honig
- 5 EL Keimöl
- 2 EL feingeschnittener Dill

1. Die Heringe unter fließendem kalten Wasser kurz säubern und, wie auf Seite 25 beschrieben, filetieren.
2. Salz, Zucker, Pfefferkörner und Wacholderbeeren im Mörser zerstoßen. Petersilie und Dill fein schneiden.
3. Die Heringsfilets mit der Hautseite nach unten in eine ausreichend große Form mit niedrigem Rand legen. Salzmischung, Dill und Petersilie darüberstreuen und alles mit dem Gin beträufeln.
4. Jeweils zwei Filets so übereinanderlegen, daß eine Hautseite oben, die andere unten ist. Die Heringe mit Klarsichtfolie abdecken, ein Brett darüberlegen und mit einem Gewicht beschweren. Im Kühlschrank mindestens 1 Tag marinieren lassen.
5. Für die Sauce den Senf mit Essig und Honig verrühren und unter leichtem Schlagen mit einem Schneebesen nach und nach das Öl unterrühren. Zum Schluß den Dill untermischen.
6. Das Filetfleisch mit einem sehr scharfen, biegsamen Messer in dünnen Scheiben schräg von der Haut schneiden. Mit der Senfsauce und Vollkornbrot servieren.

Pro Person:
Kalorien (kcal) 161
Eiweiß (g) 4
Fett (g) 13
Kohlenhydrate (g) 4

Wenn Sie viele Gäste haben, eignet sich zum Beizen besonders gut ein frischer Lachs. Verdoppeln Sie einfach die Menge für die Beize und lassen Sie den Fisch 2 bis 3 Tage in der Beize. Eine Filetseite reicht für 8 bis 10 Personen.

GEBEIZTE LACHSFORELLE

Für 6 bis 8 Personen
Zubereitungszeit: 20 Minuten
Marinierzeit: 2 bis 3 Tage

1 Lachsforelle (etwa 1,2 kg)
2 EL grobes Meersalz
1 EL Zucker
1/2 TL Korianderkörner
1 TL weiße Pfefferkörner
1 kleines Bund Dill
2 cl Cognac

1. Lachsforelle unter fließendem kalten Wasser kurz säubern und, wie auf Seite 25 beschrieben, filetieren.
2. Salz, Zucker, Koriander- und Pfefferkörner im Mörser fein zerstoßen. Den Dill fein schneiden.
3. Die Forellenfilets mit der Hautseite nach unten in eine ausreichend große Form mit niedrigem Rand legen. Salzmischung und Dill darüberstreuen und alles mit Cognac beträufeln.
4. Die Filets so übereinanderlegen, daß eine Hautseite oben, die andere unten ist. Forelle mit Klarsichtfolie abdecken, ein Brett darüberlegen und mit einem Gewicht beschweren. Im Kühlschrank mindestens 2 bis 3 Tage marinieren lassen.

Pro Person:
Kalorien (kcal) 205
Eiweiß (g) 33
Fett (g) 5
Kohlenhydrate (g) 2

MARINIERTE MAKRELEN

Für 4 Personen
Zubereitungszeit: 20 Minuten
Marinierzeit: 1 bis 2 Tage

2 Makrelen (à 300 g)
1 kleine rote Pfefferschote
1 Knoblauchzehe
1 EL grobes Salz, 1 TL Zucker
1/2 Bund glatte Petersilie
Saft von je 1 Zitrone und Orange
dünne Scheiben von 1 Orange
einige Oliven

1. Die Makrelen unter fließendem kalten Wasser kurz säubern und, wie auf Seite 25 beschrieben, filetieren.
2. Pfefferschote halbieren und entkernen, Knoblauchzehe schälen und beides sehr fein hacken. Mit Salz und Zucker vermischen. Die Petersilie fein hacken.
3. Die Filets mit der Hautseite nach unten in eine Form mit niedrigem Rand legen. Salzmischung und Petersilie darüberstreuen und alles mit Zitronen- und Orangensaft beträufeln.
4. Filets, wie auf Seite 44 beschrieben, übereinanderlegen, abdecken und beschweren. Im Kühlschrank etwa 1 bis 2 Tage marinieren lassen.
5. Dünn aufgeschnitten mit Orangenscheiben und Oliven servieren.

Pro Person:
Kalorien (kcal) 357
Eiweiß (g) 30
Fett (g) 20
Kohlenhydrate (g) 8

TATAR VOM WOLFSBARSCH

Für 4 Personen
Zubereitungszeit: 10 Minuten

300 g Wolfsbarschfilet
(Loup de mer), gut gekühlt
1 Schalotte
1 kleiner Zucchino
2 EL Keimöl
1 bis 2 EL Zitronensaft
Salz
frisch gemahlener weißer Pfeffer
einige Weißbrotscheiben
4 Cocktailtomaten
etwas Brunnenkresse

1. Das Wolfsbarschfilet mit einem Wiegemesser oder einem großen scharfen Messer fein hacken.

2. Schalotte schälen und wie den Zucchino in winzig kleine Würfel schneiden. Mit dem Öl unter das Fischtatar mischen. Mit Zitronensaft, Salz und Pfeffer abschmecken.

3. Das Tatar auf frisch gerösteten Weißbrotscheiben anrichten und mit Cocktailtomaten und Brunnenkresse garnieren.

Pro Person:
Kalorien (kcal) 137
Eiweiß (g) 15
Fett (g) 6
Kohlenhydrate (g) 4

CARPACCIO VON ZWEIERLEI FISCHEN

Für 4 Personen
Zubereitungszeit: 30 Minuten

2 Seezungenfilets (à 70 g)
4 Scheiben Graved Lax
2 TL feingeschnittener Dill
1 Bund Rucola
Salz
frisch gemahlener weißer Pfeffer
Saft von 1/2 Zitrone
2 EL Keimöl
1 TL Nußöl

1. Die Fischfilets zwischen Klarsichtfolie legen und vorsichtig mit einem Plattеisen oder der flachen Seite eines Hackbeils flachklopfen.

2. Die obere Folie entfernen. Die Filets mit je mit 2 Scheiben Graved Lax belegen und mit Dill bestreuen. Mit Hilfe der Folie aufrollen und etwa 15 Minuten tiefkühlen.

3. Rucola verlesen und auf vier Teller verteilen. Fischröllchen mit einem scharfen Messer in möglichst dünne Scheiben schneiden und auf dem Salat anrichten.

4. Restliche Zutaten zu einer Vinaigrette verrühren und Fisch und Salat damit beträufeln.

Pro Person:
Kalorien (kcal) 190
Eiweiß (g) 15
Fett (g) 13
Kohlenhydrate (g) 1

SUSHI MIT KETA-KAVIAR UND KRABBEN

Für 4 Personen
Zubereitungszeit: 50 Minuten

- 200 g Rundkornreis
- etwa 1/2 l Wasser
- Salz
- 2 EL Weinessig
- 1 EL süße Sojasauce
- 1 Noriblatt (getrocknete Meeralge)
- 2 EL Keta-Kaviar
- 50 g Nordseekrabben

1. Den Reis etwa 5 Minuten in Salzwasser kochen, dann etwa 20 Minuten ausquellen lassen. Gut abdampfen lassen, mit Essig und Sojasauce würzen.

2. Das Noriblatt am besten auf einer Bambusmatte ausbreiten und den Reis gleichmäßig darauf verteilen.

3. Noriblatt und Reis mit Hilfe der Matte aufrollen. Die Reisrolle in dicke Scheiben schneiden. Eine Reisseite etwas eindrücken und die Shushi mit Keta-Kaviar oder Krabben belegen.

Pro Person:
Kalorien (kcal) 207
Eiweiß (g) 7
Fett (g) 1
Kohlenhydrate (g) 40

HANDGEFORMTE SUSHI

Für 4 Personen
Zubereitungszeit: 50 Minuten

- 250 g Rundkornreis
- 1 Stückchen Kombu (getrocknete Meeralge)
- Salz
- etwa 1/2 l Wasser
- 2 EL Weinessig
- 1 EL süße Sojasauce
- 100 g Lachsfilet
- 100 g Seeteufelfilet
- etwas Wasabi (japanischer Meerrettich)

1. Den Reis mit Kombu etwa 5 Minuten in Salzwasser kochen, dann etwa 20 Minuten ausquellen lassen. Gut ausdampfen lassen. Mit Essig und Sojasauce würzen.

2. Fischfilets leicht anfrieren lassen, dann mit einem sehr scharfen Messer in hauchdünne Scheiben schneiden.

3. Mit einem Eßlöffel kleine Nocken vom Reis abstechen und mit den Händen zu daumendicken Rollen formen.

4. Die Filetscheiben mit Wasabi bestreichen. Jede Reisrolle mit einer Filetscheibe belegen und diese gut andrücken.

Pro Person:
Kalorien (kcal) 315
Eiweiß (g) 15
Fett (g) 4
Kohlenhydrate (g) 50

MARINIERTE SAIBLINGFILETS

Marinieren ist eine altbewährte Konservierungsmethode, die rohe sowie gegarte Fische länger haltbar macht und saftig hält. Einer der bekanntesten marinierten Fische ist sicherlich der Brathering. Aber auch magere Fische, zum Beispiel Forelle oder Saibling, sind – auf diese Weise zubereitet – eine köstliche Vorspeise oder ein leichtbekömmliches Abendessen!

Für 4 Personen
Zubereitungszeit: 50 Minuten
Marinierzeit:
mindestens 2 Stunden

2 Saiblinge (à 350 g), küchenfertig
1 Bund Schnittlauch

Für den Sud:
1 Bund Suppengrün
1/4 l Wasser
1/4 trockener Weißwein
1 Thymianzweig
1 Lorbeerblatt
1/2 TL Pfefferkörner
etwas Fenchelsamen
1 Stück unbehandelte Orangenschale

Für den Gemüsebelag:
1 große Möhre
1 große Petersilienwurzel
2 Selleriestangen

Für die Marinade:
2 EL Weißweinessig
Salz, frisch gemahlener Pfeffer
1 TL Kräutersenf
Saft von 1/2 Orange
5 EL Olivenöl, z. B. Olivenöl extra virgen

1. Die Saiblinge waschen. Für den Sud das Suppengrün kleinschneiden und mit Wasser, Wein, Gewürzen und der Orangenschale erhitzen und etwa 20 Minuten leise köcheln lassen. Saiblinge in den Sud legen und bei schwacher Hitze etwa 10 Minuten pochieren.

2. Für den Belag Möhre und Petersilienwurzel schälen und wie den Sellerie in kleine Würfel schneiden.

3. Die Fische aus dem Sud heben und ein wenig abkühlen lassen. Sud durch ein Sieb gießen, erneut zum Kochen bringen und Möhren- und Petersilienwürfel darin bißfest garen. Gemüsewürfel aus dem Sud heben, abschrecken und mit den Selleriewürfeln vermischen. Den Sud aufbewahren.

4. Die Fische enthäuten und filetieren. Die Filets nebeneinander auf eine Platte legen und mit den Gemüsewürfeln bestreuen.

5. Die angegebenen Zutaten gründlich zu einer Mariande verrühren. 3 bis 4 EL vom Kochsud hinzufügen. Marinade über die Filets gießen. Mit Klarsichtfolie abdecken, kühl stellen und mindestens 2 Stunden marinieren lassen.

6. Den Schnittlauch in Röllchen schneiden, die Filets damit bestreuen und servieren.

Pro Person:
Kalorien (kcal) 168
Eiweiß (g) 2
Fett (g) 13
Kohlenhydrate (g) 4

Falls keine Saiblinge im Handel erhältlich sind, können sie durch frisch gefangene Bachforellen ersetzt werden.

SARDINEN AUF SPANISCHE ART

Es gibt in ganz Spanien sicherlich kaum eine Bodega, in der keine köstlich marinierten Sardinen als Tapas angeboten werden. Mit einem Stückchen Weißbrot und einem Glas Fino-Sherry sind diese würzigen Fische ein unvergleichlicher Genuß. Hier eines der unzähligen Rezepte, das natürlich jederzeit nach eigenem Geschmack verändert werden kann.

Für 4 Personen
Zubereitungszeit: 35 Minuten
Marinierzeit: mindestens 1 Tag

- 8 mittelgroße Sardinen, küchenfertig
- Salz, frisch gemahlener Pfeffer
- 2 bis 3 EL Mehl
- 1 rote Paprikaschote
- 1 kleine rote Pfefferschote
- 1 große Zwiebel
- 12 grüne entsteinte Oliven
- 6 EL Olivenöl, z. B. Olivenöl extra virgen
- 1/2 TL Thymianblätter
- 3 EL Weißweinessig
- 2 EL Sherryessig
- 1/8 l trockener Weißwein

1. Sardinen waschen, trockentupfen und innen und außen mit Salz und Pfeffer einreiben. Die Sardinen in Mehl wenden und überschüssiges Mehl abklopfen.
2. Paprika- und Pfefferschote waschen, halbieren und Stengelansätze sowie die Samenstränge entfernen, die Zwiebel schälen. Das vorbereitete Gemüse in kleine Würfel, die Oliven in Scheiben schneiden.
3. 4 EL Olivenöl in einer Pfanne erhitzen und die Sardinen darin nacheinander rasch auf beiden Seiten goldbraun braten. Die Fische auf eine tiefe Platte legen.
4. Den Thymian im Bratenfond kurz andünsten. Mit Essig und Wein ablöschen und kurz aufkochen lassen. Paprika- und Pfefferschoten sowie Zwiebelwürfel in den Sud geben und einige Minuten köcheln lassen.
5. Oliven und das restliche Öl dazugeben und die Marinade über den Sardinen verteilen. Mit Klarsichtfolie abdecken, kühl stellen und mindestens 1 Tag marinieren lassen.

Pro Person:
Kalorien (kcal) 259
Eiweiß (g) 8
Fett (g) 21
Kohlenhydrate (g) 5

Sehr gut schmecken die Sardinen auch, wenn man sie süß-sauer einlegt. Dazu eine Marinade aus 3 EL Sherryessig, 4 EL Fino-Sherry, Saft von 1 Orange und 1 Zitrone herstellen und die Sardinen darin mit 2 bis 3 EL Rosinen, die einige Stunden in Amontillado-Sherry eingeweicht waren, sowie 2 EL Pinienkernen marinieren.

FALSCHE HECHTSUPPE

Überraschen Sie Ihre Gäste einmal mit dieser außergewöhnlichen Vorspeise. Da die »Falsche Hechtsuppe« in Suppentassen serviert wird, vermutet jeder Gast eine heiße Suppe als ersten Gang. Beim Löffeln stellt sich dann allerdings heraus, daß es eine kalte Fischterrine ist. Die Überraschung ist perfekt!

Für 4 Personen
Zubereitungszeit: 30 Minuten
Kühlzeit: mindestens 1 Stunde

Für die Terrine:
- 250 g Hechtfilet
- 200 ml Sahne
- 1 Eiweiß
- Salz
- frisch gemahlener weißer Pfeffer
- Cayennepfeffer
- 30 g Forellen-Kaviar

Für die Sauce Hollandaise:
- 100 g Butter
- 3 EL Fischfond
- 3 EL trockener Weißwein
- 2 EL Weißweinessig
- 2 Eigelb
- 1 EL feingeschnittener Dill
- Salz
- frisch gemahlener weißer Pfeffer
- etwas Zitronensaft

Außerdem:
- etwas Keimöl
- einige Dillzweige

1. Das gut gekühlte Hechtfilet fein pürieren und durch ein Sieb oder eine Flotte Lotte streichen. Eine Metallschüssel in eine größere, mit Eiswürfeln gefüllte Schüssel stellen und die Fischfarce hineingeben.
2. Sahne und Eiweiß getrennt steif schlagen. Abwechselnd nach und nach unter die Hechtfarce rühren. Die Farce mit Salz und Pfeffer würzen und zum Schluß den Kaviar unterziehen.
3. Vier Suppentassen mit Öl ausfetten und die Masse bis 2 cm unter den Rand einfüllen. In einen großen Topf zweifingerbreit Wasser füllen, zum Kochen bringen und die Suppentassen nebeneinander hineinstellen. Mit Alufolie abdecken und die Masse bei schwacher Hitze etwa 15 Minuten garen, dann kalt stellen.
4. Die Butter zerlassen und die sich absetzende Molke abschöpfen. Fischfond, Weißwein und Essig in eine Sauteuse geben und den Sud auf ein Drittel einkochen lassen.
5. Eigelb und reduzierten Sud im warmen Wasserbad cremig schlagen. Nach und nach die Butter unterrühren. Den Dill untermischen und die Sauce mit Salz, Pfeffer und Zitronensaft abschmecken.
6. Die Sauce über die Terrinen verteilen, mit den Dillzweigen garnieren und servieren.

Pro Person:
Kalorien (kcal) 466
Eiweiß (g) 19
Fett (g) 40
Kohlenhydrate (g) 2

SEEZUNGEN-KRABBEN-TERRINE

Für 4 Personen
Zubereitungszeit: 25 Minuten
Kühlzeit:
mindestens 45 Minuten

200 g Seezungenfilet
1 Eiweiß
150 g Crème fraîche, Salz
frisch gemahlener weißer Pfeffer
abgeriebene Schale von
1/2 unbehandelten Zitrone
Cayennepfeffer, etwas Keimöl
100 g Nordseekrabben
1/8 l Hummerfond
2 Blatt weiße Gelatine

1. Das gut gekühlte Fischfilet fein pürieren und durch ein Sieb oder eine Flotte Lotte streichen. Das Eiweiß steif schlagen und abwechselnd mit Crème fraîche nach und nach unter die Farce rühren, würzen.
2. Vier Kaffeetassen mit Öl ausfetten und die Masse bis 1 cm unter den Rand einfüllen. Im warmen Wasserbad etwa 10 Minuten garen. Kalt stellen.
3. Krabben mit Hummerfond vermischen, die Gelatine auflösen und unterrühren. Sobald die Flüssigkeit zu gelieren beginnt, über die Terrinen verteilen. Abdecken, kühl stellen und erstarren lassen.
4. Die Tassen kurz in heißes Wasser tauchen und die Terrinen stürzen.

Pro Person:
Kalorien (kcal) 260
Eiweiß (g) 19
Fett (g) 18
Kohlenhydrate (g) 2

RÄUCHERLACHSTERRINE

Für 4 Personen
Zubereitungszeit: 20 Minuten

250 g Räucherlachs
250 g Crème fraîche
Salz
frisch gemahlener weißer Pfeffer
etwas Keimöl
30 g Beluga- oder Sevruga-Kaviar
4 Dillzweige

1. Den Räucherlachs mit Crème fraîche im Mixer pürieren. Die Farce mit Salz und Pfeffer würzen.
2. Vier kleine Förmchen mit Öl ausfetten. Die Hälfte der Farce in die Förmchen geben. In die Mitte der Farce eine kleine Mulde drücken und jeweils etwas vom dem Kaviar hineingeben.
3. Mit der restlichen Lachsfarce den Kaviar bedecken, die Oberfläche glattstreichen. Die Förmchen abdecken und kalt stellen.
4. Die Förmchen kurz in heißes Wasser tauchen und die Terrinen stürzen. Mit je einem Dillzweig garnieren und mit Weißbrot servieren.

Pro Person:
Kalorien (kcal) 432
Eiweiß (g) 21
Fett (g) 35
Kohlenhydrate (g) 2

LACHSGUGELHUPF

Auch Kochanfänger können mit diesem Gericht brillieren: Es ist schnell und leicht zubereitet und dennoch dekorativ und delikat. Entweder man serviert den Gugelhupf kalt wie in diesem Rezept, oder wer seinen Gästen den Gugelhupf warm anbieten möchte, reicht feines junges Gemüse und neue Kartoffeln dazu.

Für 6 Personen
Zubereitungszeit: 1 Stunde

400 g Lachsfilet
Salz
frisch gemahlener weißer Pfeffer
2 Eier
150 g Crème fraîche
1 TL Speisestärke, z. B. Mondamin
abgeriebene Schale von 1/2 unbehandelten Zitrone
Cayennepfeffer
1 EL feingehackter Estragon
Fett für die Form

1. Das gut gekühlte Lachsfilet waschen, trockentupfen, in grobe Stücke schneiden und mit Salz und Pfeffer würzen.
2. Das Filet im Mixer fein pürieren. Dabei nach und nach Eier, eiskalte Crème fraîche und Speisestärke dazugeben. Mit Zitronenschale, Salz, Pfeffer, Cayennepfeffer und Estragon würzen.
3. Die Masse etwa 15 Minuten in das Tiefkühlfach stellen. In einen hohen Topf zweifingerbreit Wasser füllen und zum Kochen bringen.
4. Eine Gugelhupfform (1 Liter Inhalt) ausfetten und die Fischmasse einfüllen. Die Form mit Alufolie gut abdecken und die Masse im Wasserbad etwa 20 Minuten garen.
5. Den Fischgugelhupf in der Form erkalten lassen. Stürzen, in Scheiben schneiden und auf Salatblättern anrichten. Sehr gut schmeckt Sauce Hollandaise (siehe Rezept Seite 50) oder Sauce Bearnaise dazu.

Pro Person:
Kalorien (kcal) 441
Eiweiß (g) 28
Fett (g) 33
Kohlenhydrate (g) 2

• Diese Vorspeise gelingt auch in der Mikrowelle. Bei 360 Watt ist der Gugelhupf in 9 bis 12 Minuten gar. Die Form darf bei dieser Garweise allerdings auf keinen Fall mit Alufolie abgedeckt werden.
• Wird der Gugelhupf wie in diesem Rezept mit Lachs zubereitet, sieht er natürlich besonders schön aus. Es eignen sich aber auch andere schmackhafte Fischfilets, z. B. von Hecht, Forelle oder Seezunge, für die Zubereitung.

HECHTKLÖSSCHEN MIT RUCOLASAUCE

Dieser Klassiker der Fischküche kann sowohl als Vorspeise wie auch als Hauptgang gereicht werden. Das aromatische Fleisch des Hechts ist hervorragend für die Klößchen geeignet. Die zahlreichen kleinen Gräten können den Genuß nicht beeinträchtigen, da sie durch das Pürieren und Passieren entfernt werden. Die Zubereitung ist relativ einfach und das Gelingen ist garantiert, wenn alle Zutaten eiskalt verarbeitet werden. Ist man dabei allerdings etwas nachlässig, flockt das Eiweiß aus und verliert an Bindefähigkeit.

Für 4 Personen
Zubereitungszeit: 40 Minuten
Kühlzeit: 30 Minuten

Für die Klößchen:

400 g Hechtfilet
2 Eiweiß
200 ml Sahne
Salz
frisch gemahlener weißer Pfeffer
1 l Fischfond oder Wasser

Für die Sauce:

1/4 l Fischfond
1/4 l Sahne
1 Bund Rucola
Salz
frisch gemahlener weißer Pfeffer
abgeriebene Schale von
1/2 unbehandelten Orange
1 EL Noilly Prat

Außerdem:

1 bis 2 EL Keta-Kaviar

1. Das Hechtfilet waschen, trockentupfen und 30 Minuten in das Tiefkühlgerät legen. Dann durch die feine Scheibe eines Fleischwolfes drehen oder in einer Küchenmaschine fein pürieren.

2. Eine Metallschüssel in eine größere, mit Eiswürfeln gefüllte Schüssel stellen. Die Farce in die Schüssel füllen und unter Rühren Eiweiß und die Sahne dazugeben. Mit Salz und Pfeffer würzen.

3. Fischfond oder Wasser in einem breiten Topf erhitzen. Mit Hilfe von zwei nassen Eßlöffeln von der Fischmasse Nocken abstechen und in der siedenden Flüssigkeit 8 bis 10 Minuten pochieren.

4. Für die Sauce Fischfond und Sahne in einer Sauteuse bei starker Hitze sämig einkochen. Den Rucola verlesen, waschen und fein hacken. Die Sauce mit Salz, Pfeffer, Orangenschale und Noilly Prat würzen, Rucola untermischen.

5. Die Sauce als Spiegel auf vier Teller verteilen, jeweils 2 Nocken darauf anrichten und mit Keta-Kaviar bestreuen.

Pro Person:
Kalorien (kcal) 541
Eiweiß (g) 32
Fett (g) 537
Kohlenhydrate (g) 6

• Rucola läßt sich gut durch Brunnenkresse oder Sauerampfer ersetzen.
• Servieren Sie zu Hechtklößchen auch einmal eine Krebssauce oder eine Sauce Hollandaise.

FEINER GELEEHERING

Seit den 60er Jahren ist der Geleehering bei uns ein Begriff – und nicht unbedingt ein kulinarisches Glanzlicht. Das nachfolgende Rezept wird allerdings auch Gourmets begeistern.

Für 4 Personen
Zubereitungszeit: 20 Minuten
Kühlzeit: etwa 2 Stunden

- 4 Matjesfilets
- 100 g eingelegte Rote Bete
- 2 mittelgroße Essiggurken
- 2 hartgekochte Eier
- 1 Bund gemischte Frühlingskräuter
- 5 Blatt weiße Gelatine
- 1/4 l Fischfond
- 1/8 l trockener Weißwein

1. Die Matjesfilets waschen, trockentupfen und quer in schmale Streifen schneiden. Rote Bete auf einem Sieb abtropfen lassen und wie die Essiggurken in kleine Würfel schneiden.
2. Die Eier schälen und mit einem Eierschneider in Scheiben schneiden. Vier schöne Scheiben beiseite legen, den Rest hacken. Die Kräuterblättchen von den Stielen zupfen und fein hacken.
3. Die Gelatine in kaltem Wasser einweichen. Etwas Fischfond erhitzen und die ausgedrückten Gelatineblätter darin auflösen. Mit restlichem Fischfond und Wein aufgießen.
4. In vier Förmchen mit möglichst rundem Boden jeweils etwas von der Geleeflüssigkeit geben und im Kühlschrank erstarren lassen.
5. Je eine Eischeibe in die Mitte des Gelees legen und mit einem Teil der Kräuter umkränzen. Mit einem Eßlöffel etwas Gelee darübergießen und erneut erstarren lassen.
6. Nacheinander Matjesfilet, Gurke und Rote Bete in die Förmchen auf das erstarrte Gelee geben, jeweils mit etwas Geleeflüssigkeit bedecken und erstarren lassen. Zum Schluß die Eiwürfel und die restlichen Kräuter darüber verteilen und mit der restlichen Geleeflüssigkeit auffüllen. Im Kühlschrank fest werden lassen.
7. Förmchen kurz in heißes Wasser tauchen und das Gelee auf Teller stürzen. Mit Sauce Tatar oder einer würzigen Vinaigrette und Vollkornbrot servieren.

Pro Person:
Kalorien (kcal) 291
Eiweiß (g) 30
Fett (g) 14
Kohlenhydrate (g) 3

Variationsmöglichkeiten für diesen Geleehering gibt es genug: Rote Bete durch eingelegte Paprikaschoten oder Kürbis ersetzen oder statt der Essiggurken Kapern verwenden. Probieren Sie selbst, was Ihnen am besten schmeckt!

BUNTER KAVIARTELLER MIT BLINIS

Kaviar pur – eine feinere und kostspieligere Vorspeise gibt es wohl kaum! Vor allem wenn man Beluga- oder Sevruga-Kaviar serviert. Aber auch Lachs- oder Forellenkaviar sind ein Genuß und vor allem für jeden erschwinglich. Köstlich dazu: Frische, knusprig gebackene Blinis und ein Gläschen Wodka!

Für 4 Personen
Zubereitungszeit: 30 Minuten
Ruhezeit: einige Stunden

Für die Blinis:

60 g Buchweizenmehl
40 g Weizenmehl
Salz
10 g Hefe
1/8 l lauwarme Milch
2 EL flüssige Butter
2 Eigelb
2 Eiweiß
4 EL Keimöl

Außerdem:

etwa 200 g Crème fraîche
Beluga- oder Sevruga-Kaviar
und Lachs- und Forellenkaviar
(Menge nach eigenem Bedarf)

1. Für die Blinis Mehl und Salz vermischen. Hefe in der Milch auflösen und mit der flüssigen Butter und den Eigelb unter das Mehl rühren. Abdecken, kühl stellen und einige Stunden quellen lassen. Kurz vor dem Ausbacken das Eiweiß steif schlagen und unter den Teig ziehen.

2. Etwas Öl in einer beschichteten Pfanne erhitzen. Mit einem Eßlöffel kleine Teighäufchen in das heiße Fett setzen. Den Teig mit dem Löffelrücken glattdrücken und auf beiden Seiten goldbraun braten. Gebratene Blinis warm stellen, bis der Teig verbraucht ist.

3. Die Blinis auf eine Platte setzen und je einen Klecks Crème fraîche und etwas von dem Kaviar daraufsetzen. Die restliche Crème fraîche und restlichen Kaviar getrennt dazu reichen.

Pro Person:
Kalorien (kcal) 470
Eiweiß (g) 15
Fett (g) 33
Kohlenhydrate (g) 23

Auch ein Hochgenuß: Fischtatar aus frischem Lachs, Wolfsbarsch oder Räucherlachs zu den knusprigen Blinis servieren!

SUPPEN UND EINTÖPFE

Lassen Sie sich zu einem kulinarischen Weltenbummel entführen! Typische klassische Gerichte und vielfältige neue Kreationen aus allen Ländern wetteifern um Ihre Gunst.

POT-AU-FEU VON SÜSSWASSERFISCHEN

Die unverzichtbare Basis des Pot-au-feu ist ein feiner aromatischer Fond. Für dessen Zubereitung müssen die verwendeten Fischabfälle nicht nur mager, sondern – wie auch das Gemüse und die Kräuter – absolut frisch sein. Zum Aufgießen unbedingt nur Wein von bester Qualität verwenden!

Für 4 Personen
Zubereitungszeit: 45 Minuten

Für den Fischfond:

- 1,2 kg Fischabfälle (Köpfe, Gräten und Schwänze von mageren Süßwasserfischen, z. B. Hecht, Zander, Forelle oder Trüsche)
- 2 Schalotten
- 1 Bund Suppengrün
- 40 g Butter, 1 Lorbeerblatt
- 1 Thymianzweig
- 8 weiße Pfefferkörner
- 3 Petersilienzweige
- 1/2 l trockener Weißwein
- 1 1/2 l kaltes Wasser, Salz

Für die Einlage:

- 1 Lauchstange, 2 Möhren
- 50 g Zuckerschoten
- 200 g Lachsforellenfilet
- 200 g Zanderfilet
- Salz, etwas Zitronensaft

1. Die Fischabfälle, wie auf Seite 24 beschrieben, säubern. Schalotten schälen, Suppengrün waschen und alles in kleine Stücke schneiden.
2. Butter zerlassen und die Fischabfälle darin andünsten. Gemüse, Kräuter und Gewürze dazugeben, andünsten und mit dem Wein ablöschen.
3. Mit Wasser aufgießen und aufkochen lassen. Die Brühe etwa 20 Minuten sanft köcheln lassen. Den sich bildenden Schaum abschöpfen.
4. Von der Lauchstange die Wurzeln und das grüne Ende entfernen. Die Möhren schälen, die Enden der Zuckerschoten abknipsen. Das Gemüse gut waschen. Den Lauch in dünne Ringe, die Möhren in dünne Scheiben schneiden. Gemüse nacheinander kurz blanchieren, abschrecken.
5. Ein Spitzsieb mit einem Mulltuch auslegen und die Brühe nach und nach hineingießen. Die Rückstände gut abtropfen lassen, aber nicht ausdrücken! Die Brühe auf etwa 1 Liter einkochen lassen.
6. Fischfilet waschen, trockentupfen, mit Salz und Zitronensaft würzen und in mundgerechte Stücke teilen. Gemüse und Filetstücke in dem Fond in etwa 3 bis 5 Minuten garziehen lassen.
7. Fisch und Gemüse mit einem Schaumlöffel aus dem Fond heben und auf vier Suppenteller verteilen. Mit dem Fischfond begießen.

Pro Person:
Kalorien (kcal) 390
Eiweiß (g) 47
Fett (g) 14
Kohlenhydrate (g) 8

• Die Einlage kann je nach Angebot und Jahreszeit beliebig variiert werden. Besonders fein ist das Pot-au-feu, wenn man noch einige Flußkrebse mitgart.
• Wenn der Fond glasklar sein soll, klären Sie die Brühe, wie auf Seite 62 beschrieben.

Zutaten vorbereiten
Fischabfälle, wie auf Seite 24 beschrieben, sehr gründlich säubern. Die Schalotten schälen, das Suppengrün waschen und alles in kleine Stücke schneiden.

Fisch und Gemüse andünsten
Die Butter in einem Kochtopf zerlassen und die Fischabfälle darin andünsten. Das kleingeschnittene Gemüse dazugeben und mit andünsten. Kräuter und Gewürze dazugeben, salzen und mit Wein ablöschen.

Fischfond kochen
Mit Wasser aufgießen und zum Kochen bringen. Einmal aufkochen lassen, dann die Hitze reduzieren und die Brühe bei schwacher Hitze etwa 20 Minuten sanft köcheln lassen. Den sich bildenden Schaum immer wieder abschöpfen.

Fischfond abseihen
Ein Spitzsieb mit einem Mulltuch auslegen und die Brühe mit einem Schöpflöffel nach und nach hineingießen. Die Rückstände gut abtropfen lassen, aber nicht ausdrücken, damit der Fond klar bleibt.

Pot-au-feu fertigstellen
Vorbereitetes Gemüse nacheinander in kochendem Salzwasser kurz blanchieren, dann mit kaltem Wasser abschrecken. Fischfilet waschen, trockentupfen, würzen und in mundgerechte Stücke teilen. Mit dem Gemüse in der Brühe garziehen lassen.

FISCHBOUILLON MIT FENCHEL

Für 4 Personen
Zubereitungszeit: 45 Minuten

Für den Fischfond:
1,2 kg Fischabfälle von Meeresfischen (z. B. Scholle, Dorade, Wolfsbarsch)
1 Bund Suppengrün
1 Knoblauchzehe
30 g Butter
1/2 TL Fenchelsamen
1/2 TL weiße Pfefferkörner
1 1/2 l Wasser, Salz
Für die Einlage:
1 kleine Fenchelknolle
1 EL Olivenöl, z. B. Olivenöl extra virgen, 1 EL Pernod

1. Aus den angegebenen Zutaten, wie auf Seite 59 beschrieben, einen Fischfond zubereiten.
2. Fenchel längs halbieren, den Strunk herausschneiden. Das Grün abschneiden und fein hacken. Knollenhälften in feine Streifen schneiden und in Olivenöl andünsten. Mit etwas Fischfond ablöschen und etwa 15 Minuten dünsten.
3. Mit Pernod beträufeln, auf vier Suppenteller verteilen und mit dem Fischfond begießen. Mit Fenchelgrün bestreuen.

Pro Person:
Kalorien (kcal) 221
Eiweiß (g) 25
Fett (g) 9
Kohlenhydrate (g) 4

KARPFENSUPPE MIT PAPRIKA

Für 4 Personen
Zubereitungszeit: 40 Minuten

Für den Fischfond:
1 Tomate
1 Zwiebel
1 Knoblauchzehe
1 rote Pfefferschote
30 g Butter
1 TL Paprika, edelsüß
Salz
1 1/2 l Wasser
Für die Einlage:
1 Karpfen (etwa 2 kg)
2 rote Paprikaschoten
2 EL Keimöl
100 g saure Sahne
1 EL feingeschnittene Petersilie

1. Den Karpfen filetieren. Aus den Fischabfällen mit den angegebenen Zutaten, wie auf Seite 59 beschrieben, einen Fischfond zubereiten.
2. Paprikaschoten waschen, halbieren und Stengelansätze sowie Samenstränge entfernen. Die Hälften in Würfel schneiden, in Öl andünsten, mit etwas Fond ablöschen und bißfest garen.
3. Die Karpfenfilets enthäuten, in mundgerechte Stücke teilen und in dem Fond garziehen lassen.
4. Karpfen und Paprika auf vier Suppenteller verteilen und mit dem Fischfond begießen. Sauerrahm darauf verteilen, Petersilie darüberstreuen und servieren.

Pro Person:
Kalorien (kcal) 369
Eiweiß (g) 25
Fett (g) 25
Kohlenhydrate (g) 5

LEGIERTE FORELLENSUPPE

Für 4 Personen
Zubereitungszeit: 40 Minuten

Für den Fischfond:
1 Bund Suppengrün
30 g Butter, 1 Lorbeerblatt
3 Petersilienzweige
4 weiße Pfefferkörner
1/2 l Weißwein
1/2 l Wasser, Salz
Für die Einlage:
2 Regenbogenforellen (à 250 g)
1 Lauchstange
20 g Butter, Salz
frisch geriebene Muskatnuß
1 Eigelb
100 ml Sahne
einige Petersilienzweige

1. Die Forellen filetieren. Aus den Abfällen mit den angegebenen Zutaten, wie auf Seite 59 beschrieben, einen Fischfond zubereiten.
2. Den weißen Teil des Lauchs in feine Ringe schneiden, in der Butter andünsten, würzen.
3. Fischfilets in mundgerechte Stücke teilen und im Fond garziehen lassen. Mit dem Lauch auf vier Suppenteller verteilen.
4. Eigelb und Sahne verquirlen, in den Fond einlaufen lassen und auf die Teller verteilen. Mit Petersilie garnieren.

Pro Person:
Kalorien (kcal) 507
Eiweiß (g) 31
Fett (g) 36
Kohlenhydrate (g) 4

FISCHSUPPE MIT AUSTERN UND TOMATENWÜRFELN

Für 4 Personen
Zubereitungszeit: 35 Minuten

Für den Fischfond:
1,2 kg Fischabfälle von Edelfischen (z. B. Hecht, Zander, Wolfsbarsch, Seezunge)
1 Bund Suppengrün
40 g Butter
1 Thymianzweig
6 weiße Pfefferkörner
Salz
1/2 l trockener Weißwein
1 l Wasser
Für die Einlage:
2 Fleischtomaten
4 Austern
1 EL Noilly Prat
1 EL feingeschnittene Basilikumblätter

1. Aus den angegebenen Zutaten, wie auf Seite 59 beschrieben, einen Fischfond zubereiten.
2. Die Tomaten blanchieren, häuten, halbieren, entkernen und in kleine Würfel schneiden. Die Austern, wie auf Seite 26/27 beschrieben, aufbrechen. Das Austernfleisch und die Tomatenwürfel im Fischfond 3 bis 4 Minuten garziehen lassen.
3. Die Suppe mit Noilly Prat abschmecken und mit dem Basilikum bestreut servieren.

Pro Person:
Kalorien (kcal) 212
Eiweiß (g) 24
Fett (g) 9
Kohlenhydrate (g) 3

HUMMERCONSOMMÉ

Bereitet man Gerichte aus Hummer zu, ist dies eine äußerst kostspielige Angelegenheit. Wer allerdings den Panzer nicht als Abfall betrachtet, sondern daraus eine delikate Consommé zubereitet, für den hat sich der hohe Preis gelohnt! Das Gleiche gilt auch für Flußkrebse oder Langusten.

Für 4 Personen
Zubereitungszeit: 2 Stunden

Für die Consommé:
2 Hummerkarkassen (500 g)
2 Schalotten, 2 Selleriestangen
1 Möhre, 2 Tomaten
1 Stückchen Pfefferschote
2 EL Olivenöl, z. B. Olivenöl extra virgen, Salz
frisch gemahlener weißer Pfeffer
1 Prise Zucker
1 Thymianzweig
2 cl Cognac, etwa 1 l Wasser

Zum Klären:
1 Bund Suppengrün
150 g Merlanfilet (Wittling)
2 Eiweiß

Für die Einlage:
etwa 100 g Hummerfleisch (ersatzweise Seeteufelfilet)
2 EL Tomatenwürfel

1. Hummerkarkassen waschen und in kleine Stücke hacken. Schalotten schälen, das übrige Gemüse waschen und alles in Würfel schneiden.
2. Das Öl in einer Kasserolle erhitzen und das Gemüse, bis auf die Tomaten, darin andünsten. Die Karkassen dazugeben und mit andünsten. Würzen, Thymianzweig dazugeben und mit Cognac ablöschen.
3. Die Tomaten dazugeben und mit so viel Wasser aufgießen, daß Karkassen und Gemüse damit bedeckt sind. Aufkochen, dann bei schwacher Hitze 1 Stunde köcheln lassen.
4. Suppengrün und Fischfilet kleinschneiden und in der Küchenmaschine grob pürieren. Eiweiß leicht anschlagen, unter das Püree ziehen und die Masse 1 Stunde in das Gefriergerät stellen.
5. Die Hummerbrühe durch ein Spitzsieb gießen, gut ausdrücken und die Brühe erkalten lassen.
6. Die Klärmasse unter die Brühe rühren und langsam zum Kochen bringen. Sobald die Klärzutaten als weißer Schaum aufsteigen, die Hitze reduzieren und die Brühe etwa 30 Minuten ziehen lassen.
7. Ein Spitzsieb mit einem Mulltuch auslegen. Die Brühe nach und nach hineingießen, gut abtropfen lassen, aber nicht mehr ausdrücken, damit die Consommé klar bleibt!
8. Die Consommé etwas einkochen lassen. Hummerfleisch in mundgerechte Stücke teilen und 2 bis 3 Minuten in der Consommé garziehen lassen. Mit Tomatenwürfeln servieren.

Pro Person:
Kalorien (kcal) 178
Eiweiß (g) 16
Fett (g) 5
Kohlenhydrate (g) 11

Während des Klärens mit einer Küchenspachtel immer wieder am Topfboden entlangfahren, da sich die Klärmasse leicht ansetzt.

MUSCHELSUPPE
CLAM CHOWDER

Im amerikanischen Originalrezept verwendet man Chowder Clams, eine in Ostamerika beheimatete Venusmuschelart, die man jedoch bei uns kaum bekommt. Die Suppe schmeckt aber auch mit Venus- oder Herzmuscheln aus europäischen Fanggebieten sehr gut. Wichtig ist eigentlich nur, daß es kleine Muscheln mit aromatischem Fleisch sind!

Für 4 Personen
Zubereitungszeit: 40 Minuten

- 500 g Venus- oder Herzmuscheln
- 1 Zwiebel
- 1 mittelgroße, mehligkochende Kartoffel
- 1 rote Paprikaschote
- 50 g Räucherspeck
- 2 EL Keimöl
- 1 l Muschelfond (ersatzweise Fischfond)
- Salz, frisch gemahlener Pfeffer
- 2 Tomaten
- 100 g Crème fraîche
- 1 Eigelb
- etwas Zitronensaft
- Cayennepfeffer
- 1 EL gehackte Petersilie

1. Die Muscheln gründlich waschen und auf einem Sieb abtropfen lassen.
2. Zwiebel und Kartoffel schälen. Paprikaschote waschen, halbieren und Stengelansatz sowie Samenstränge entfernen. Das Gemüse und den Räucherspeck in kleine Würfel schneiden.
3. Öl erhitzen und die Speckwürfel darin glasig dünsten. Das Gemüse dazugeben und mit andünsten. Mit dem Fond aufgießen, würzen und etwa 20 Minuten köcheln lassen.
4. Muscheln in einen Dämpfkorb geben und so lange über dem Dampf garen, bis sich die Schalen öffnen. Das Fleisch aus den Schalen lösen.
5. Die Tomaten blanchieren, häuten, halbieren, entkernen und in kleine Würfel schneiden. 5 Minuten vor Ende der Garzeit in die Suppe geben.
6. Crème fraîche mit Eigelb und Zitronensaft verquirlen. Mit Salz, Pfeffer und Cayennepfeffer würzen und unter die Suppe rühren. Sofort von der Kochplatte nehmen und das Muschelfleisch dazugeben
7. Clam Chowder auf vier Suppentassen verteilen. Mit Petersilie bestreut servieren.

Pro Person:
Kalorien (kcal) 357
Eiweiß (g) 16
Fett (g) 23
Kohlenhydrate (g) 12

Wer den Muschelfond selber zubereiten möchte, kocht 1 kg Miesmuscheln in 1/4 l Weißwein und 1 l Wasser mit Gewürzen und Suppengrün etwa 30 Minuten lang. Dann ein Spitzsieb mit einem Mulltuch auslegen und die Brühe hineingießen. Das Mulltuch filtert den restlichen Sand der Muscheln ab. Das Muschelfleisch ist jetzt allerdings nicht mehr genießbar.

BOUILLABAISSE

Von diesem Klassiker der Fischküche gibt es ebensoviele Entstehungsgeschichten wie Variationen. Die einen servieren Suppe und Fisch – samt Haut und Gräten – in einem Teller. Andere reichen das Fleisch von Fisch und Krustentieren separat zur Suppe. Ob man das Brot geröstet oder ungeröstet, mit Rouille oder mit Aïoli serviert, ist auch nicht geklärt. Einig ist man sich lediglich beim Würzen: Fenchel und Knoblauch dürfen nicht fehlen!

Für 6 bis 8 Personen
Zubereitungszeit: 1 Stunde

2,5 kg Köpfe und Gräten von Mittelmeerfischen (z. B. Rotbarbe, Knurrhahn, Drachenkopf, Merlan), 1 Lauchstange
1 Fenchelknolle
3 Knoblauchzehen
1 mehligkochende Kartoffel
3 Fleischtomaten
1 kleine rote Pfefferschote
4 EL Olivenöl, z. B. Olivenöl extra virgen
1 Thymianzweig, 1 Lorbeerblatt
einige Fenchelsamen
einige Safranfäden
600 g Fischfilet von Lotte und Fischen, die auch für den Fond verwendet wurden

Für das Rouille:
2 kleine rote Pfefferschoten
4 Knoblauchzehen, Salz
1 Msp gemahlener Safran
1 mittelgroße mehligkochende Kartoffel, gekocht, 1 Eigelb
100 ml Olivenöl, z. B. Olivenöl extra virgen
2 bis 3 EL Fischfond

Außerdem:
etwa 1/2 Stange Baguette

1. Die Kiemen der Fische, wie auf Seite 24 beschrieben, entfernen. Die Köpfe spalten und mit den anderen Fischabfällen unter fließendem kalten Wasser gründlich säubern.

2. Das Gemüse putzen, falls nötig schälen, kleinschneiden und in heißem Öl andünsten. Die Fischabfälle dazugeben und kurz mitdünsten.

3. Kräuter und Gewürze dazugeben. Mit so viel kaltem Wasser auffüllen, daß die Fische damit bedeckt sind. Zum Kochen bringen und 5 Minuten sprudelnd kochen lassen. Brühe abschäumen und etwa 1 Stunde bei schwacher Hitze köcheln lassen.

4. Für das Rouille die Pfefferschoten entkernen und kleinschneiden. Knoblauchzehen schälen und beides mit Salz und Safran in einem Mörser fein zerreiben. Die Kartoffel in Stücke schneiden, dazugeben und zerdrücken.

5. Die Masse in eine Schüssel umfüllen und nach und nach Eigelb, Olivenöl und Fischfond unterrühren. Das Rouille muß eine mayonnaisenähnliche Konsistenz erhalten.

6. Die Fischbrühe durch ein Sieb passieren. Die Fischfilets in mundgerechte Stücke teilen. Zuerst die Filetstücke mit der längeren Garzeit, etwas später die mit der kürzeren Garzeit in die Brühe geben.

7. Sobald die Filets gar sind, aus der Brühe heben, auf Suppenteller verteilen und mit Brühe begießen. Mit Baguette sowie Rouille servieren.

Pro Person (bei 8 Personen):
Kalorien (kcal) 389
Eiweiß (g) 23
Fett (g) 20
Kohlenhydrate (g) 22

SPANISCHE FISCHSUPPE

Für diese Suppe gibt es kein einheitliches Rezept. Je nachdem in welcher Küstenregion Spaniens sie zubereitet wird, werden Fische verwendet, deren Fanggebiete entweder im Atlantik oder im Mittelmeer liegen. Das großes Angebot erschwert die Wahl.

Für 4 Personen
Zubereitungszeit: 1 Stunde

- etwa 1 kg Fischabfälle
- 3 Knoblauchzehen
- 1 Thymianzweig
- 2 frische rote Pfefferschoten
- 1 1/2 l kaltes Wasser, Salz
- 2 Gemüsezwiebeln
- je 1 rote und grüne Paprikaschote, 500 g mehligkochende Kartoffeln
- 4 EL Olivenöl, z. B. Olivenöl extra virgen
- 2 geschälte Tomaten
- frisch gemahlener Pfeffer
- 1 Msp gemahlener Safran
- 700 g Fischfilet (z. B. Kabeljau, Seeteufel, Meeraal, Merlan)
- 100 g geschälte Garnelen
- 1/2 Bund Petersilie, gehackt

1. Die Kiemen der Fische, wie auf Seite 24 beschrieben, entfernen. Die Köpfe spalten und mit den anderen Fischabfällen unter fließendem kalten Wasser gründlich säubern.
2. Knoblauchzehen schälen. 1 Zehe mit Thymian, 1 Pfefferschote und mit Wasser in einem Kochtopf zum Kochen bringen. Salzen und 20 Minuten sanft köcheln lassen. Dann durch ein Sieb passieren.
3. Zwiebeln schälen, Paprikaschoten und die zweite Pfefferschote halbieren und Stengelansätze sowie Samenstränge entfernen. Die Zwiebeln und Paprika in Streifen schneiden, restliche Knoblauchzehen und die Pfefferschote fein hacken. Die Kartoffeln schälen und in dünne Scheiben schneiden.
4. Das Öl in einer großen Pfanne erhitzen und das Gemüse bei mittlerer Hitze 8 bis 10 Minuten andünsten. Die Tomaten in Stücke schneiden und dazugeben. Mit Salz, Pfeffer und Safran würzen.
5. Fischfilet waschen, trockentupfen und mit Salz und Pfeffer einreiben.
6. Gemüse, Fischfilet und Garnelen abwechselnd in einen Schmortopf schichten, mit der Brühe begießen und zugedeckt bei schwacher Hitze 20 Minuten garen. Mit Petersilie bestreut servieren.

Pro Person:
Kalorien (kcal) 421
Eiweiß (g) 40
Fett (g) 12
Kohlenhydrate (g) 31

In Spanien wird der Eintopf in einem hohen, feuerfesten Tongefäß bei 160° C etwa 30 Minuten im Backofen gegart.

HAMBURGER AALSUPPE

Früher war diese Suppe ein üppiges Resteessen mit einer etwas ungewöhnlichen Zusammenstellung. Einfach »aalles« aus der norddeutschen Speisekammer war darin zu finden: Schinkenknochen, Gemüse, Backobst – und manchmal auch frischer Aal. Im Laufe der Zeit wandelte sich die »Aallessuppe« in die Aalsuppe, eine typische Spezialität Hamburgs, die heutzutage natürlich immer frischen Aal enthält.

Für 6 Personen
Zubereitungszeit: 3 Stunden

1 Schinkenknochen (1,5 kg)
1 Bund Suppengrün
1 Zwiebel
je 1 Majoran-, Thymian-, Salbei-, Bohnenkraut-, Selleriekraut-, Petersilien- und Zitronenmelissezweig
10 Pfefferkörner
1 Lorbeerblatt
500 g gemischtes Backobst
1/4 l Weißwein
800 g Aal (am besten kleine Ostseeaale)
2 Möhren
1 große Petersilienwurzel
1/2 Sellerieknolle
1 Lauchstange
2 EL Essig
etwas Zucker
Salz
frisch gemahlener Pfeffer
2 EL feingeschnittener Schnittlauch

1. Den Schinkenknochen in einem Topf mit kaltem Wasser bedecken und zum Kochen bringen. Bei schwacher Hitze etwa 1 Stunde köcheln lassen, gelegentlich abschäumen.
2. Suppengrün kleinschneiden, Zwiebel schälen und mit Kräutern und Gewürzen dazugeben. Eine weitere Stunde leise köcheln lassen. Durch ein Spitzsieb gießen und kalt stellen, dann entfetten.
3. Das Backobst in dem Wein weichkochen. Es darf aber nicht zerfallen. Aal enthäuten, filetieren und in Stücke schneiden. Möhren, Petersilienwurzel und Sellerie schälen und in feine Streifen schneiden. Von der Lauchstange die Wurzeln und das grüne Ende entfernen, waschen und in feine Streifen schneiden.
4. Die Brühe erhitzen und das Gemüse darin bißfest garen. Die Aalstücke dazugeben und garziehen lassen. Das Backobst mitsamt der Kochflüssigkeit dazugeben und die Suppe würzig abschmecken. Mit Schnittlauch bestreut servieren.

Pro Person:
Kalorien (kcal) 547
Eiweiß (g) 27
Fett (g) 35
Kohlenhydrate (g) 20

Die Suppe wird häufig mit Schwemmklößchen serviert. Dazu 1/8 l Milch mit 30 g Butter erhitzen. Unter Rühren 60 g Mehl auf einmal hineinschütten. Gründlich durchrühren und ein wenig abkühlen lassen. Dann 2 Eier unterrühren und mit Salz und Muskat würzen. Mit einem Teelöffel Klößchen abstechen und in kochendem Salzwasser garziehen lassen.

FLÄMISCHER FISCHTOPF

WATERZOOI

Waterzooi heißt übersetzt »Ragout« und ist eigentlich ein typisches Matrosengericht. In den flämischen Regionen Belgiens gibt es für diese überaus beliebte Hausmannskost zahlreiche Variationen, die oftmals mehr Suppe als Ragout sind. Manchmal wird der Fischtopf auch mit Geflügel zubereitet. Wenn er allerdings mit Fisch gekocht wird, müssen es ausschließlich Süßwasserfische sein!

Für 4 Personen
Zubereitungszeit: 40 Minuten

- 2 Möhren
- 100 g Knollensellerie
- 2 Petersilienwurzeln
- 1 Zwiebel
- 50 g Butter
- 1/2 l Fischfond
- 1/4 l trockener Weißwein
- 1 Lorbeerblatt
- etwa 600 g Fischfilet von Süßwasserfischen (z. B. Aal, Karpfen, Schleie)
- Salz
- 2 EL frisch geriebenes Weißbrot
- 200 ml Sahne
- 2 Eigelb
- Saft von 1/2 Zitrone
- 1 EL feingeschnittene Petersilie

1. Möhren, Sellerie, Petersilienwurzeln und Zwiebel schälen und alles in kleine Würfel schneiden. Die Butter zerlassen und das Gemüse darin andünsten. Mit dem Fischfond und Weißwein aufgießen, das Lorbeerblatt dazugeben und etwa 15 Minuten leise köcheln lassen.

2. Das Fischfilet in Stücke schneiden, salzen, in die Brühe geben und in wenigen Minuten garziehen lassen. Dann die Fischstücke und das Gemüse mit einem Schaumlöffel aus der Brühe heben und auf vier Suppenteller verteilen.

3. Das Weißbrot mit Sahne, Eigelb und Zitronensaft verquirlen und unter Rühren in die Brühe gießen. Die Brühe erhitzen, aber nicht mehr kochen lassen. Die Suppe auf die Teller verteilen. Mit Petersilie bestreut servieren.

Pro Person:
Kalorien (kcal) 579
Eiweiß (g) 42
Fett (g) 36
Kohlenhydrate (g) 7

- Wurden statt der Fischfilets ganze Fische gekauft, filetiert man diese und kocht aus den Köpfen und Gräten den benötigten Fischfond.
- Man kann den gegarten Fisch auch in feuerfeste Suppentassen geben, die Brühe mit der Eigelbmischung verrühren, darübergießen und das Ganze im heißen Backofen noch etwa 10 bis 15 Minuten überbacken.

FISCH-KARTOFFEL-TOPF

In jeder Küstenregion der Welt schätzt man frisch gefangene Fische. Mit Kartoffeln oder Reis und mit Gemüse zusammen in einem Topf gekocht, sind sie ein Hochgenuß, den man unbedingt probieren sollte. Hier eine der vielen Möglichkeiten für köstliche Fischeintöpfe.

Für 4 Personen
Zubereitungszeit: 45 Minuten

- 6 Schalotten
- 2 Knoblauchzehen
- 4 mittelgroße Kartoffeln
- je 1 rote, gelbe und grüne Paprikaschote
- 1 rote Pfefferschote
- 4 EL Olivenöl, z. B. Olivenöl extra virgen
- Salz
- frisch gemahlener Pfeffer
- 2 TL Paprikapulver, edelsüß
- 1/2 TL Thymianblätter
- 350 g Tomatenstücke aus der Dose
- 1 EL Tomatenmark
- 1/4 l Fischfond
- 700 g Kabeljau-, Seelachs- oder Wittlingfilet (Merlan)
- Saft von 1/2 Zitrone
- 2 bis 3 Basilikumzweige

1. Schalotten, Knoblauchzehen und Kartoffeln schälen. Paprikaschoten und Pfefferschote halbieren und Stengelansätze sowie Samenstränge entfernen. Knoblauch und Pfefferschote fein hacken, das übrige Gemüse in 1 cm große Würfel schneiden.

2. Das Öl erhitzen und das Gemüse darin andünsten. Mit Salz, Pfeffer, 1 TL Paprika und Thymian würzen und die Tomatenstücke und das Tomatenmark untermischen. Mit Fischfond aufgießen und etwa 20 Minuten leise köcheln lassen.

3. Das Fischfilet waschen, trockentupfen und in etwa 2 cm große Würfel schneiden. Mit Zitronensaft beträufeln, mit Salz, Pfeffer und restlichem Paprika würzen und vorsichtig unter das Gemüse mischen. Bei schwacher Hitze etwa 10 Minuten garen.

4. Basilikumblätter in feine Streifen schneiden oder im Ganzen kurz vor dem Servieren unter den Eintopf mischen.

Pro Person:
Kalorien (kcal) 380
Eiweiß (g) 42
Fett (g) 11
Kohlenhydrate (g) 19

Das Säuern mit Zitronensaft ist, vor allem bei nicht so edlen Fischen, eine altbewährte Methode, das Fischfleisch ein wenig weißer und auch fester zu machen!

ROTBARSCHEINTOPF MIT KRÄUTERN

Welche Gemüsesorten Sie für den Fischtopf auch auswählen, die Zubereitung bleibt immer gleich: Erst wenn das Gemüse fast gar ist, wird das zarte Fischfleisch untergemischt und benötigt dann nur noch eine kurze Garzeit bei sanften Temperaturen.

Für 4 Personen
Zubereitungszeit: 40 Minuten

400 g mehligkochende Kartoffeln
1 dicke Lauchstange
1 Zwiebel
40 g Butter
Salz
frisch gemahlener weißer Pfeffer
frisch geriebene Muskatnuß
abgeriebene Schale und Saft von 1/2 unbehandelten Zitrone
1 TL feinwürziger Dijon-Senf
1/4 l Fischfond
1/8 l Sahne
500 g Rotbarschfilet
2 EL gehackte Frühlingskräuter (z. B. Petersilie, Schnittlauch, Basilikum, Kerbel)
1 Eigelb

1. Kartoffeln schälen und in 1/2 cm dicke Scheiben schneiden. Von der Lauchstange die Wurzeln und das grüne Ende entfernen. Die Stange längs halbieren, gründlich waschen und in schmale Ringe schneiden. Die Zwiebel schälen und in kleine Würfel schneiden.

2. Butter zerlassen und die Zwiebel darin glasig dünsten. Kartoffel und Lauch dazugeben und mit andünsten. Mit Salz, Pfeffer, Muskat, Zitronenschale und Senf würzen und mit Fischfond und Sahne aufgießen. Einmal aufkochen lassen und bei schwacher Hitze etwa 20 Minuten garen.

3. Das Fischfilet waschen, trockentupfen und in mundgerechte Stücke schneiden. Mit Zitronensaft säuern und mit Salz und Pfeffer würzen. Den Fisch vorsichtig unter das Gemüse mischen und etwa 10 Minuten garen.

4. Kräuter und Eigelb verrühren und zum Schluß unter den Eintopf mischen. Nur noch kurz erhitzen, aber keinesfalls kochen lassen, da sonst das Eigelb gerinnt!

Pro Person:
Kalorien (kcal) 471
Eiweiß (g) 35
Fett (g) 24
Kohlenhydrate (g) 21

• Wählen Sie das Gemüse nach der Jahreszeit: Im Frühling schmeckt der Eintopf besonders gut mit grünem Spargel oder Frühlingszwiebeln, im Sommer mit frischen Gartenmöhren und im Herbst mit reifen Tomaten und Paprikaschoten.
• Anstelle von Rotbarsch können Sie auch Lengfisch oder Seehecht verwenden.

FISCH MIT NUDELN UND REIS

Das sollten Sie unbedingt ausprobieren: Fisch im harmonischen Zusammenklang mit Nudeln oder Reis! Die Zubereitung ist einfach, und die Ergebnisse sind traumhaft. Das läßt Genießerherzen höher schlagen!

FISCHLASAGNE

Werden Fische und Meeresfrüchte zwischen Nudeln eingebettet, kann sich ihr Geschmack besonders intensiv entfalten, und das Fleisch bleibt saftig. Mit selbstgemachten Nudeln ist es zwar ein wenig arbeitsintensiver, aber die Mühe lohnt sich!

Für 6 Personen
Zubereitungszeit:
1 Stunde 15 Minuten

Für den Nudelteig:
150 g Mehl
50 g Hartweizengrieß
Salz, 2 Eier
Für die Füllung:
2 große Möhren
1 dicke Lauchstange
Salz
300 g Seeteufelfilet (Lotte)
300 g Lachsfilet
200 g ausgelöste Garnelen
frisch gemahlener weißer Pfeffer
Saft von 1 Zitrone
Für die Béchamelsauce:
30 g Butter
30 g Mehl
1/8 l Milch
1/8 l Fischfond
1 EL Noilly Prat
Salz
frisch gemahlener weißer Pfeffer
3 Eigelb
3 Eiweiß
1 EL feingeschnittener Dill
Außerdem:
40 g Butter für die Form und zum Überbacken

1. Die angegebenen Zutaten zu einem glatten, elastischen Nudelteig verkneten, abdecken und 20 Minuten ruhen lassen.
2. Möhren schälen, von der Lauchstange die Wurzeln und das grüne Ende entfernen. Das Gemüse in feine Streifen schneiden, kurz in Salzwasser blanchieren und kalt abschrecken.
3. Die Fischfilets waschen, trockentupfen, in mundgerechte Stücke schneiden und mit den Garnelen vermischen. Salzen, pfeffern und mit Zitronensaft beträufeln. Den Backofen auf 180° C vorheizen.
4. Den Nudelteig dünn ausrollen und in neun gleichgroße rechteckige Stücke schneiden. Die Teigplatten nacheinander in reichlich kochendem Salzwasser in 2 bis 3 Minuten al dente kochen, dann kalt abschrecken.
5. Für die Sauce die Butter zerlassen, das Mehl hineingeben und unter Rühren aufschäumen lassen. Mit Milch und Fischfond aufgießen und unter Rühren einige Minuten kochen lassen. Mit Noilly Prat, Salz und Pfeffer abschmecken, von der Kochplatte nehmen und die Eigelb unterrühren. Das Eiweiß steif schlagen und mit dem Dill unter die Sauce ziehen.
6. Eine tiefe, rechteckige feuerfeste Form mit Butter ausfetten und mit drei Teigplatten auslegen. Mit einem Drittel der Sauce bestreichen und die Hälfte der Gemüsestreifen sowie der Fischmischung darauf verteilen. Diesen Vorgang wiederholen, mit einer Nudelschicht abschließen. Die Nudeln mit Sauce bestreichen und mit Butterflöckchen belegen. Im Backofen 25 bis 30 Minuten goldbraun backen.

Pro Person:
Kalorien (kcal) 540
Eiweiß (g) 38
Fett (g) 24
Kohlenhydrate (g) 33

Teigplatten herstellen
Mehl, Grieß, Salz und Eier zu einem Nudelteig verkneten und 20 Minuten ruhen lassen. Den Teig dünn ausrollen (am besten mit einer Nudelmaschine) und in neun rechteckige, gleichgroße Stücke schneiden. In Salzwasser 2 bis 3 Minuten al dente kochen, kalt abschrecken.

Füllung vorbereiten
Möhren und Lauch putzen, in feine Streifen schneiden und in Salzwasser blanchieren. Die Fischfilets waschen, trockentupfen und in mundgerechte Stücke schneiden. Mit den Garnelen vermischen, salzen, pfeffern und mit Zitronensaft beträufeln.

Béchamelsauce zubereiten
Die Butter zerlassen, das Mehl unterrühren und mit Milch und Fischfond aufgießen. Einige Minuten durchkochen lassen. Würzen, von der Kochplatte nehmen und die Eigelb untermischen. Eiweiß steif schlagen und mit dem Dill locker unterziehen.

Zutaten einschichten
Eine feuerfeste Form ausfetten und mit 3 Teigplatten auslegen. Mit einem Drittel der Sauce bestreichen. Die Hälfte der Gemüsestreifen sowie der Fischmischung darüber verteilen. Den Vorgang wiederholen.

Lasagne backen
Mit einer Schicht Nudeln abschließen, mit Béchamelsauce bestreichen und mit Butterflöckchen belegen. Auf der mittleren Schiene im 180° C heißen Backofen etwa 25 bis 30 Minuten backen. Vor dem Anschneiden 5 Minuten ruhen lassen.

RAVIOLI MIT RÄUCHER-FISCHFÜLLUNG

Einen Nudelteig selber zuzubereiten, ist mit den heutigen technischen Hilfsmitteln kein Problem mehr. Ob man dann aus dem Teig Lasagneblätter schneidet oder wie in diesem Rezept Ravioli formt, ist egal. Allein der Geschmack zählt! Die Kombination mit Räucherfisch und Salbei begeistert Nudel- wie Fischfans gleichermaßen!

Für 4 Personen
Zubereitungszeit: 40 Minuten

Für den Nudelteig:
250 g Mehl
50 g Hartweizengrieß
Salz
frisch geriebene Muskatnuß
3 Eier
Für die Füllung:
1 Birne
20 g Butter
1 TL gehackte Thymianblätter
300 g Räucherfischfilet (z. B. Bückling, Makrele oder Heilbutt), ohne Haut
2 EL Crème fraîche
4 bis 5 EL Paniermehl
Salz
frisch gemahlener Pfeffer
Außerdem:
50 g Butter
6 bis 8 Salbeiblätter

1. Die angegebenen Zutaten zu einem glatten, elastischen Nudelteig verkneten, abdecken und 20 Minuten ruhen lassen.
2. Die Birne schälen, vierteln, entkernen und in sehr kleine Würfel schneiden. Die Butter zerlassen, Birne dazugeben, mit Thymian bestreuen und goldbraun braten. Abkühlen lassen.
3. Das Räucherfischfilet in der Küchenmaschine fein pürieren. Mit Crème fraîche und Paniermehl zu einer cremigen Masse verrühren. Die Birnenwürfel untermischen, abschmecken.
4. Den Nudelteig (am besten mit einer Nudelmaschine) in breite, dünne Streifen ausrollen und nebeneinander auf eine bemehlte Arbeitsfläche legen.
5. Die Füllung mit einem Teelöffel in kleinen Häufchen auf einen Teigstreifen setzen und mit einem zweiten Teigstreifen belegen. Die Teigränder rund um die Füllung gut festdrücken und mit einen Teigrädchen Quadrate ausschneiden.
6. In einem breiten Topf reichlich Salzwasser zum Kochen bringen und die Ravioli darin in 3 bis 4 Minuten al dente kochen.
7. Butter in einer Pfanne zerlassen, die Salbeiblätter dazugeben und aufschäumen lassen. Die Ravioli mit einem Schaumlöffel aus dem Wasser heben, gut abgetropfen lassen und in der Salbeibutter schwenken.

Pro Person:
Kalorien (kcal) 706
Eiweiß (g) 35
Fett (g) 32
Kohlenhydrate (g) 60

Man kann die Ravioli auch mit einer Farce aus frischem Fischfilet, frischen Kräutern und frisch geriebenem Parmesan füllen.

RÄUCHERFISCHSTRUDEL

Die Zubereitung eines Strudels ist nicht nur etwas für perfekte Hobbyköche. Einige Mühe macht es schon, wenn man den Teig selber herstellt, greift man aber auf den fix und fertigen Strudelteig aus der Kühltheke zurück, ist es kinderleicht, und ihre Gäste werden Sie bewundern!

Für 4 bis 6 Personen
Zubereitungszeit:
1 Stunde 20 Minuten

Für den Strudelteig:

200 g Mehl
1 Ei, Salz
4 bis 6 EL lauwarmes Wasser
1 TL Keimöl
oder 1 Packung Strudelteig

Für die Füllung:

1 Lauchstange
2 große Möhren
250 g Broccoli
Salz
1 großer Apfel
150 g Crème fraîche
2 bis 3 EL frisch geriebener Meerrettich
frisch gemahlener Pfeffer
600 g Räucherfischfilet (z. B. Seehecht, Makrele, Stör oder Heilbutt), ohne Haut
2 EL feingeschnittener Dill

Außerdem:

flüssige Butter für das Blech und zum Bestreichen

1. Mehl, Ei, Salz und Wasser zu einem glatten, elastischen Strudelteig verkneten. Den Teig zu einer Kugel formen und mit Öl bestreichen. Mit einer vorgewärmten Schüssel bedecken und 15 Minuten ruhen lassen.

2. Das Gemüse putzen. Lauch und Möhren in feine Streifen schneiden, Broccoli in kleine Röschen teilen. Das Gemüse in Salzwasser blanchieren, kalt abschrecken und gut abtropfen lassen. Den Apfel schälen, vierteln, entkernen, in kleine Würfel schneiden und mit dem Gemüse vermischen. Den Backofen auf 200° C vorheizen.

3. Den Strudelteig über einem großen Küchentuch hauchdünn ausziehen oder den fertigen Teig darauf ausbreiten.

4. Crème fraîche mit Meerrettich verrühren und mit Salz und Pfeffer würzen. Die Crème auf dem Teig verstreichen und das Gemüse darüber verteilen. Das Räucherfischfilet in kleine Stücke teilen und das Gemüse damit belegen, mit dem Dill bestreuen.

5. Den Strudel mit Hilfe des Tuches aufrollen. Vorsichtig auf ein gefettetes Backblech gleiten lassen und die Ränder gut festdrücken.

6. Den Strudel mit Butter bestreichen und im Backofen in 25 bis 30 Minuten goldbraun backen. Vor dem Anschneiden etwa 5 Minuten ruhen lassen. Mit grünem Salat servieren.

Pro Person:
Kalorien (kcal) 854
Eiweiß (g) 53
Fett (g) 45
Kohlenhydrate (g) 46

Für diesen Strudel können Sie jeden Räucherfisch Ihrer Wahl verwenden. Räucherlachs ist besonders fein, er muß nur gründlich entgrätet werden.

TAGLIATELLE MIT SEETEUFEL

Für 4 Personen
Zubereitungszeit: 30 Minuten

- 400 g Tagliatelle
- Salz
- 200 ml Fischfond
- 200 ml Sahne
- 400 g Seeteufelfilet (Lotte)
- 3 EL Keimöl
- 1 Bund Schnittlauch
- frisch gemahlener Pfeffer

1. Die Nudeln in reichlich Salzwasser al dente kochen. Auf einem Sieb gut abtropfen lassen.

2. Fischfond und die Sahne in einer Sauteuse bei starker Hitze um die Hälfte einkochen lassen.

3. Das Seeteufelfilet in mundgerechte Stücke schneiden und im heißen Öl bei mittlerer Hitze 4 bis 5 Minuten braten.

4. Schnittlauch fein schneiden und unter die Sauce mischen, mit Salz und Pfeffer würzen.

5. Die Nudeln in eine Schüssel geben. Sauce und Fisch darüber verteilen und alles locker vermischen.

Pro Person:
Kalorien (kcal) 694
Eiweiß (g) 32
Fett (g) 26
Kohlenhydrate (g) 73

GRÜNE NUDELN MIT LACHS

Für 4 Personen
Zubereitungszeit: 25 Minuten

- 400 g grüne Bandnudeln
- Salz
- 2 Selleriestangen
- 1 Möhre
- 40 g Butter
- 100 ml trockener Weißwein
- 200 ml Sahne
- 250 g Lachsfilet
- 100 g Räucherlachs
- frisch gemahlener Pfeffer
- 1 EL feingeschnittener Dill

1. Die Nudeln in reichlich Salzwasser al dente kochen. Auf einem Sieb gut abtropfen lassen.

2. Selleriestangen und Möhre in kleine Würfel schneiden und in 20 g Butter andünsten. Mit Wein und Sahne aufgießen und sämig einkochen lassen.

3. Lachsfilet und Räucherlachs in Streifen schneiden. Lachsfilet in der restlichen Butter kurz andünsten, mit Salz und Pfeffer würzen und mit dem Räucherlachs und der Sauce unter die Nudeln mischen. Mit Dill bestreuen.

Pro Person:
Kalorien (kcal) 840
Eiweiß (g) 32
Fett (g) 40
Kohlenhydrate (g) 75

SPAGHETTI MIT MUSCHELN

Für 4 Personen
Zubereitungszeit: 45 Minuten

2 kg Miesmuscheln, Salz
400 g Spaghetti
2 Zwiebeln, 1 Knoblauchzehe
3 EL Olivenöl, z. B. Olivenöl extra virgen
1/8 l Weißwein
450 g gehäutete Tomaten aus der Dose
frisch gemahlener Pfeffer
1/2 Bund Basilikum

1. Die Muscheln putzen, waschen und in wenig Salzwasser garen. Das Muschelfleisch aus den Schalen lösen, den Sud durch ein Sieb gießen.
2. Die Nudeln in reichlich Salzwasser al dente kochen. Auf einem Sieb gut abtropfen lassen.
3. Zwiebeln und Knoblauch in Würfel schneiden und im heißen Öl andünsten. Wein und 100 ml Muschelsud dazugießen und um die Hälfte einkochen lassen. Tomaten dazugeben, würzen und kurz mitdünsten.
4. Basilikum fein schneiden, mit Muscheln und Spaghetti unter die Sauce mischen und kurz durchziehen lassen.

Pro Person:
Kalorien (kcal) 566
Eiweiß (g) 23
Fett (g) 10
Kohlenhydrate (g) 86

SPAGHETTI MIT MEERESFRÜCHTEN

Für 4 Personen
Zubereitungszeit: 30 Minuten

1 Knoblauchzehe
1/2 rote Pfefferschote
1 gelbe Paprikaschote
5 EL Olivenöl, z. B. Olivenöl extra virgen
4 EL Tomatenwürfel
Salz, frisch gemahlener Pfeffer
1/8 l Hummerfond
400 g Spaghetti
300 g gemischte Meeresfrüchte
1/2 Bund Petersilie

1. Knoblauch schälen, Pfeffer- und Paprikaschote putzen und alles in kleine Würfel schneiden. In 2 EL Öl andünsten und die Tomatenwürfel dazugeben, würzen. Mit Hummerfond aufgießen und etwa 15 Minuten köcheln lassen.
2. Die Nudeln in reichlich Salzwasser al dente kochen. Auf einem Sieb gut abtropfen lassen.
3. Das restliche Öl erhitzen und die Meeresfrüchte darin 5 bis 8 Minuten andünsten. Mit Salz und Pfeffer würzen und unter die Sauce mischen.
4. Die Petersilie hacken, mit der Sauce und den Spaghetti vermischen und kurz durchziehen lassen.

Pro Person:
Kalorien (kcal) 576
Eiweiß (g) 26
Fett (g) 17
Kohlenhydrate (g) 72

PAELLA

Bei diesem typisch spanischen Reisgericht wird das äußerst reichhaltige Marktangebot optimal ausgenutzt: Neben Meeresfrüchten und Fisch findet man in der Paella auch Geflügel und Gemüse. Sorten und Mengen spielen hier eine untergeordnete Rolle, entscheidend sind einzig und allein die Frische und die Qualität der Zutaten.

Für 8 Personen
Zubereitungszeit:
1 Stunde 30 Minuten

1 Hähnchen (1,2 kg)
Salz
frisch gemahlener Pfeffer
6 große Tomaten
4 Zwiebeln
4 bis 6 Knoblauchzehen
3 rote Paprikaschoten
8 EL Olivenöl, z. B. Olivenöl extra virgen
4 Artischockenböden, gegart
400 g Tintenfischringe, küchenfertig
1/4 TL gemahlener Safran
500 g Miesmuscheln
2 Cabanossi-Würste
500 g Rundkornreis
1 1/2 l Fleischbrühe
Cayennepfeffer
250 g Erbsen, tiefgekühlt
200 g geschälte Garnelen
8 geschälte Scampi
2 EL feingeschnittene Petersilie

1. Das Hähnchen waschen, in acht Teile portionieren und mit Salz und Pfeffer einreiben. Die Tomaten blanchieren und häuten, Zwiebeln und Knoblauch schälen. Die Paprikaschoten waschen, halbieren und Stengelansätze sowie Samenstränge entfernen. Zwiebeln und Knoblauch fein hacken, das restliche Gemüse in Würfel schneiden.

2. Öl in einer Paella-Pfanne erhitzen und die Hähnchenteile darin rundherum anbraten. Hähnchen aus der Pfanne nehmen und warm stellen. Zwiebeln und Knoblauch im heißen Öl andünsten, dann Tomaten und Paprika dazugeben und einige Minuten köcheln lassen.

3. Artischockenböden vierteln und mit den Tintenfischringen unter das Gemüse mischen, mit Safran bestäuben. Backofen auf 180° C vorheizen.

4. Muscheln sorgfältig putzen und waschen, die Cabanossi-Würste in Scheiben schneiden und mit den Hähnchenteilen in die Pfanne geben. Den Reis waschen und untermischen. Mit Fleischbrühe begießen und mit Salz, Pfeffer und Cayennepfeffer würzen.

5. Pfanne in den Backofen schieben und die Paella etwa 15 Minuten garen. Dann die Erbsen, Garnelen und Scampi hinzufügen und weitere 10 Minuten garen. Die Paella mit Petersilie bestreuen und in der Pfanne servieren.

Pro Person:
Kalorien (kcal) 754
Eiweiß (g) 47
Fett (g) 31
Kohlenhydrate (g) 59

RISOTTO MIT SCAMPI

Serviert man seinen Gästen Risotto, ist das ein Zeichen von großer Zuneigung. Denn damit er perfekt auf den Tisch kommt, bedarf es schon ein wenig Liebe und Fingerspitzengefühl bei der Zubereitung. Läßt man den Risotto nur einige Minuten zu lange auf der Herdplatte, verkocht er schnell zu einem klebrigen Brei. Bereiten Sie deshalb Risotto immer erst zu, wenn alle am Tisch sitzen. Gäste können warten – ein Risotto nicht!

Für 4 Personen
Zubereitungszeit: 30 Minuten

- 2 Schalotten
- 1 dünne Lauchstange
- 50 g Butter
- Salz
- frisch gemahlener weißer Pfeffer
- 1 Zitronenthymianzweig
- 300 g Arborioreis oder Rundkornreis
- etwa 1/2 l heißer Hummerfond
- 1 Knoblauchzehe
- 2 EL Keimöl
- 16 Scampi (Kaisergranat)
- 2 cl Cognac
- 2 EL feingeschnittener Schnittlauch

1. Die Schalotten schälen und fein hacken. Von der Lauchstange die Wurzeln und das grüne Ende entfernen. Stange längs einschneiden, waschen und in feine Ringe schneiden.

2. Die Butter in einem Schmortopf zerlassen und Schalotten und Lauch darin andünsten. Mit Salz, Pfeffer und Thymianblättern würzen. Den Reis darüberstreuen und unter Rühren glasig werden lassen. Mit einem Drittel des Hummerfonds aufgießen und bei mittlerer Temperatur köcheln lassen, bis die Flüssigkeit vom Reis aufgesogen wurde.

3. Unter Rühren etwas Fond nachgießen und so fortfahren, bis der Reis weich ist, aber noch Biß hat.

4. Knoblauch schälen und im Öl goldbraun braten. Herausnehmen und die Scampi in dem Knoblauchöl einige Minuten braten. Mit Cognac ablöschen und sofort unter das Risotto mischen. Mit Schnittlauch bestreut servieren.

Pro Person:
Kalorien (kcal) 562
Eiweiß (g) 14
Fett (g) 24
Kohlenhydrate (g) 64

Ein richtiger Risotto darf nicht zu fest, aber auch nicht zu suppig sein. Eine exakte Flüssigkeitsangabe ist schwierig, da die Reiskörner unterschiedlich viel Flüssigkeit aufsaugen. Zwischendurch immer wieder zu probieren, ist daher die sicherste Methode, die richtige Garzeit herauszufinden.

FISCH GEDÄMPFT, GEDÜNSTET UND GESCHMORT

Diese Garmethoden garantieren Fischgenuß pur: Das herrliche Aroma kann sich voll entfalten, und Kräuter und Gewürze unterstützen zusätzlich den unvergleichlichen Geschmack!

GEFÜLLTE WIRSINGBÄLLCHEN

Dämpfen ist die schonendste Art, Fisch zuzubereiten. Wird der Fisch wie in diesem Rezept noch zusätzlich durch einen Gemüsemantel geschützt, bleibt das feine Fischaroma vollkommen erhalten. Das zarte Wirsingblatt ist zudem nicht nur optisch, sondern auch geschmacklich eine gelungene Ergänzung. Ein weiterer Vorteil: Man kann das Fischgericht gut vorbereiten. Es ist also für eine Gästebewirtung bestens geeignet.

Für 4 Personen
Zubereitungszeit: 50 Minuten

150 g Lachsfilet
500 g Wolfsbarsch- oder Seezungenfilet
2 EL Noilly Prat
8 große, zarte Wirsingblätter
Salz
400 ml eiskalte Sahne
1 Eiweiß
frisch gemahlener weißer Pfeffer
1/4 l trockener Weißwein
1/4 l Wasser

Für die Sauce:
1/4 l Fischfond
2 cl Noilly Prat
200 ml Sahne
1 Msp gemahlener Safran
Salz
frisch gemahlener weißer Pfeffer
frisch gemahlener Koriander

1. Das Fischfilet waschen und trockentupfen. Den Lachs in kleine Würfel schneiden, mit Noilly Prat begießen, gründlich vermischen und auf einer Platte verteilen. Fischwürfel und -filet für 15 Minuten in das Gefriergerät stellen und leicht anfrieren lassen.
2. Die Mittelrippe der Wirsingblätter flach schneiden und die Blätter in Salzwasser einige Minuten blanchieren. In eiskaltem Wasser abschrecken, auf einem Küchentuch ausbreiten und trocknen lassen.
3. Eine Metallschüssel in eine größere, mit Eiswürfeln gefüllte Schüssel stellen. Wolfsbarsch- oder Seezungenfilet durch die feine Scheibe des Fleischwolfes drehen oder in der Küchenmaschine fein pürieren. Das Püree durch ein feines Sieb oder eine Flotte Lotte in die Schüssel streichen. Mit einem Kochlöffel nach und nach die Sahne einarbeiten. Eiweiß steif schlagen und mit den Lachswürfeln unter die Farce rühren. Würzen und kalt stellen.
4. Ein Souffléförmchen oder eine Tasse mit einem Wirsingblatt auskleiden. Etwas Fischfarce hineingeben, das Blatt oben zusammenfalten und gut festdrücken. Das entstandene Bällchen auf ein Dämpfgitter stürzen. Die übrigen Blätter auf die gleiche Weise formen.
5. In einem großen Topf den Wein und das Wasser erhitzen, Dämpfgitter hineinstellen und die Wirsingbällchen zugedeckt bei mittlerer Hitze 10 bis 12 Minuten garen.
6. Fischfond, Noilly Prat, Sahne und Safran sämig einkochen lassen (oder mit Fix-Soßenbinder hell binden). Mit Salz, Pfeffer und wenig Koriander würzen. Die Sauce mit den Wirsingbällchen servieren.

Pro Person:
Kalorien (kcal) 720
Eiweiß (g) 43
Fett (g) 53
Kohlenhydrate (g) 7

Fisch vorbereiten
Das Lachsfilet in kleine Würfel schneiden. Mit Noilly Prat begießen, gründlich vermischen und gleichmäßig auf einer Platte verteilen. Zusammen mit dem Fischfilet im Gefriergerät in etwa 15 Minuten leicht anfrieren lassen.

Wirsingblätter blanchieren
Mittelrippe der Wirsingblätter flach schneiden. Die Blätter in reichlich Salzwasser einige Minuten blanchieren. Sofort in eiskaltem Wasser abschrecken und auf einem Küchentuch ausgebreitet abtropfen lassen.

Fischfarce zubereiten
Das Wolfsbarsch- oder Seezungenfilet durch die feine Scheibe des Fleischwolfes drehen oder in der Küchenmaschine pürieren. Das Püree durch ein Sieb in die gut gekühlte Metallschüssel streichen. Mit einem Kochlöffel die Sahne nach und nach einarbeiten.

Wirsingbällchen formen
Eiweiß steif schlagen und mit den Lachswürfeln unter die Farce heben, würzen. Förmchen mit einem Wirsingblatt auskleiden. Ein Achtel der Masse hineingeben, das Blatt oben zusammenfalten und festdrücken. Auf ein Dämpfgitter stürzen. Übrige Blätter auf die gleiche Weise formen.

Sauce zubereiten
Fischfond, Noilly Prat, Sahne und Safran in einer Sauteuse bei mittlerer Hitze sämig einkochen lassen (oder mit Fix-Soßenbinder hell binden). Mit Salz, Pfeffer und wenig Koriander würzen. Die Sauce als Spiegel auf Teller gießen und die Wirsingbällchen daraufsetzen.

KABELJAUKOTELETTS AUF WILDKRÄUTERN

Für 4 Personen
Zubereitungszeit: 35 Minuten

- 4 Kabeljaukoteletts (à 250 g)
- Saft von 1 Zitrone
- Salz, frisch gemahlener Pfeffer
- 150 g frische Wildkräuter (z. B. Brunnenkresse, Sauerampfer, Brennessel, Kapuzinerkresse, Löwenzahn, Vogelmiere)
- 1/4 Fischfond
- 2 EL Noilly Prat
- 50 g eiskalte Butter

1. Die Fischkoteletts waschen, trockentupfen, mit Zitronensaft beträufeln und mit Salz und Pfeffer einreiben.

2. Die Wildkräuter verlesen, waschen und trockenschleudern. Die Hälfte davon auf einem Dämpfgitter verteilen, die Koteletts darauflegen und mit den restlichen Kräutern bedecken.

3. Fischfond und Noilly Prat in einem Topf erhitzen und das Gitter hineinstellen. Den Fisch zugedeckt bei schwacher Hitze 16 bis 18 Minuten garen.

4. Butter in kleinen Stücken mit einem Schneebesen unter den Fond schlagen und zu den Koteletts servieren.

Pro Person:
Kalorien (kcal) 421
Eiweiß (g) 58
Fett (g) 13
Kohlenhydrate (g) 8

LAUBFRÖSCHE MIT FISCHFÜLLUNG

Für 4 Personen
Zubereitungszeit: 35 Minuten

- 8 große Mangoldblätter
- Salz
- 500 g Zanderfilet, gut gekühlt
- 2 Eier
- 200 ml Sahne
- frisch gemahlener weißer Pfeffer
- Cayennepfeffer
- abgeriebene Schale von 1/2 unbehandelten Zitrone
- 100 g geschlagene Sahne
- 1/4 l Fischfond

1. Mangoldblätter nacheinander in kochendem Salzwasser blanchieren und in eiskaltem Wasser abschrecken. Auf einem Küchentuch ausbreiten.

2. Fischfilet in der Küchenmaschine fein pürieren, dabei Eier und Sahne dazugießen. Die Masse würzen und die geschlagene Sahne unterziehen.

3. Mit zwei Eßlöffeln aus der Masse Nocken formen, auf die Blätter setzen und damit umhüllen. Mit den Rändern nach unten auf ein Dämpfgitter setzen und über dem leicht siedenden Fischfond 6 bis 8 Minuten garen.

Pro Person:
Kalorien (kcal) 444
Eiweiß (g) 37
Fett (g) 27
Kohlenhydrate (g) 4

GEDÄMPFTER HEILBUTT AUF FENCHEL

Für 4 Personen
Zubereitungszeit: 30 Minuten

4 Heilbuttkoteletts (à 200 g)
Saft von 1/2 Zitrone
Salz
frisch gemahlener weißer Pfeffer
etwas gemahlener Ingwer
2 Fenchelknollen mit Grün
2 EL Pernod
40 g Butter
1/8 l trockener Weißwein
1/8 l Fischfond

1. Heilbuttkoteletts waschen, trockentupfen, mit Zitronensaft beträufeln und mit Salz, Pfeffer und Ingwer würzen.

2. Die Fenchelknollen längs halbieren, den Strunk entfernen, das Grün abschneiden und fein hacken. Die Hälften längs in hauchdünne Streifen schneiden und auf einem Dämpfgitter verteilen. Mit Pernod beträufeln und 20 g Butter darüber verteilen

3. Wein und Fond erhitzen und den Fenchel kurz vorgaren. Mit dem Fisch belegen, restliche Butter darüber verteilen und 10 bis 12 Minuten dämpfen. Mit dem Fenchelgrün bestreut servieren.

Pro Person:
Kalorien (kcal) 357
Eiweiß (g) 50
Fett (g) 12
Kohlenhydrate (g) 3

STEINBUTT AUF RUCOLA-TOMATEN-BETT

Für 4 Personen
Zubereitungszeit: 25 Minuten

4 Steinbuttfilets (à 180 g)
Salz
frisch gemahlener weißer Pfeffer
2 Bund Rucola
2 Fleischtomaten
2 EL Schalottenwürfel
2 EL Olivenöl, z. B. Olivenöl extra virgen
1/4 l Fischfond
1/8 l trockener Weißwein
2 EL Crème fraîche

1. Die Steinbuttfilets waschen, trockentupfen und mit Salz und Pfeffer einreiben.

2. Rucola verlesen, waschen und trockenschleudern. Tomaten blanchieren, häuten, entkernen und in kleine Würfel schneiden.

3. Ein Dämpfgitter mit Rucola auslegen, mit Tomaten- und Schalottenwürfeln bestreuen, mit dem Fischfilet belegen und mit Olivenöl beträufeln.

4. Fond und Wein erhitzen und den Fisch zugedeckt über dem Dampf 6 bis 8 Minuten garen. Fond mit Crème fraîche verrühren und sämig einkochen lassen. Die Fischfilets damit überziehen.

Pro Person:
Kalorien (kcal) 277
Eiweiß (g) 40
Fett (g) 9
Kohlenhydrate (g) 3

MUSCHELN IN SHERRYSAUCE MIT GRÜNEM PFEFFER

Miesmuscheln findet man an den Meeresküsten in flachen Gewässern auf Steinen, Pfählen oder anderen natürlichen Unterlagen. Früher wurden sie nur in den Monaten mit einem "r" geerntet und zum Verkauf angeboten. Heute ermöglicht die moderne Kühltechnik eine ganzjährige Versorgung! Die relativ preiswerten Miesmuscheln können ungemein vielfältig zubereitet werden. Einfach köstlich sind die Muscheln, wenn man sie in halbtrockenem Sherry dämpft und die Sauce mit reichlich Pfefferkörnern würzt.

Für 4 Personen
Zubereitungszeit: 35 Minuten

- 2 kg Miesmuscheln
- 1 Lauchstange
- 2 Schalotten
- 1 Knoblauchzehe
- 3 EL Olivenöl, z. B. Olivenöl extra virgen
- 1/8 l Amontillado-Sherry
- 1/8 l Fischfond
- Salz
- Cayennepfeffer
- 1/4 l Sahne
- 2 bis 3 EL eingelegte grüne Pfefferkörner
- 2 EL gehackte Petersilie

1. Die Muscheln unter fließendem kalten Wasser sorgfältig mit einer Bürste putzen. Die Bärte abschneiden, geöffnete Muscheln aussortieren.

2. Von der Lauchstange die Wurzeln und das grüne Ende entfernen. Die Stange längs einschneiden, gründlich waschen und in feine Ringe schneiden. Schalotten und Knoblauch schälen und in kleine Würfel schneiden.

3. Das Öl in einem großen Topf erhitzen und das Gemüse darin andünsten. Mit Sherry und Fischfond aufgießen, würzen und aufkochen lassen. Die Muscheln hineingeben und zugedeckt bei mittlerer Hitze etwa 6 bis 8 Minuten garen, dabei ab und zu den Topf schwenken.

4. Sobald sich alle Schalen geöffnet haben, die Muscheln mit einem Schaumlöffel aus dem Sud heben und warm stellen. (Geschlossene Muscheln aussortieren, da sie nicht genießbar sind.) Sahne und Pfefferkörner in den Sud geben und bei starker Hitze sämig einkochen lassen (oder mit Fix-Soßenbinder hell binden).

5. Sauce über die Muscheln gießen, mit Petersilie bestreuen und mit frischem Weißbrot sofort servieren.

Pro Person:
Kalorien (kcal) 365
Eiweiß (g) 13
Fett (g) 28
Kohlenhydrate (g) 9

MUSCHELN IN COGNACSAUCE

MUSCHELN IN TOMATENSAUCE

Für 4 Personen
Zubereitungszeit: 35 Minuten

- 2 kg Miesmuscheln
- 2 Schalotten
- 1 Knoblauchzehe
- 1/2 Pfefferschote
- 1 Bund Suppengrün
- 30 g Butter
- 4 cl Cognac
- Salz, frisch gemahlener Pfeffer
- 1 Thymianzweig
- 1/8 l Fischfond
- 200 ml Sahne

1. Muscheln, wie auf Seite 86 beschrieben, putzen. Schalotten und Knoblauch schälen, Pfefferschote putzen und alles fein hacken. Suppengrün in kleine Würfel schneiden.
2. Die Butter in einem großen Topf zerlassen und das Gemüse andünsten. Mit Cognac ablöschen, mit Salz und Pfeffer würzen, Thymian dazugeben und mit Fischfond aufgießen.
3. Die Muscheln dazugeben und zugedeckt 6 bis 8 Minuten garen. Die Muscheln herausnehmen und die Sahne in den Fond gießen. Sämig einkochen lassen (oder mit Fix-Soßenbinder hell binden) und über die Muscheln gießen.

Pro Person:
Kalorien (kcal) 309
Eiweiß (g) 12
Fett (g) 23
Kohlenhydrate (g) 7

Für 4 Personen
Zubereitungszeit: 35 Minuten

- 2 kg Miesmuscheln
- 2 Zwiebeln
- 2 Knoblauchzehen
- 4 Fleischtomaten
- 4 EL Olivenöl, z. B. Olivenöl extra virgen
- 2 Thymianzweige
- 1 Lorbeerblatt
- Salz, frisch gemahlener Pfeffer
- 1/8 l Fischfond
- einige Basilikumblätter

1. Muscheln, wie auf Seite 86 beschrieben, putzen. Zwiebeln und Knoblauch schälen und hacken. Tomaten blanchieren, häuten, entkernen und in Würfel schneiden.
2. Öl in einem großen Topf erhitzen und Zwiebeln und Knoblauch darin glasig dünsten. Tomaten und Kräuter dazugeben, mit Salz und Pfeffer würzen und mit Fischfond aufgießen. Einige Minuten köcheln lassen.
3. Die Muscheln hineingeben und zugedeckt in 6 bis 8 Minuten garen, dabei den Topf gelegentlich schwenken. Mit Basilikum bestreuen und mit Weißbrot servieren.

Pro Person:
Kalorien (kcal) 193
Eiweiß (g) 11
Fett (g) 12
Kohlenhydrate (g) 7

WALLER AUF WURZELGEMÜSE

Dieser Süßwasserfisch kann bis zu 3 Meter lang und 80 Jahre alt werden. Derartige Exemplare sind allerdings nicht mehr für den Kochtopf zu empfehlen. Am feinsten schmeckt das Fleisch junger Waller, auch Wels genannt! Den Fisch läßt man am besten gleich vom Fischhändler filetieren. Aus Kopf und Gräten bereitet man einen aromatischen Fond zu, in dem dann das fast grätenlose Fleisch pochiert wird.

Für 4 Personen
Zubereitungszeit: 1 Stunde

- 1 Waller (etwa 2 kg)
- 1 Bund Suppengrün
- 1 Lorbeerblatt
- 1 Gewürznelke
- 1 Zwiebel
- 1/2 l Wasser
- 1/4 l trockener Weißwein
- 6 Pfefferkörner
- Salz
- 4 große Möhren
- 2 große Petersilienwurzeln
- 1/2 kleine Sellerieknolle
- frisch gemahlener Pfeffer
- 50 g eiskalte Butter
- 3 bis 4 cm Meerrettichstange
- 1 Bund Schnittlauch

1. Waller am besten gleich vom Fischhändler filetieren lassen. Die Fischabfälle unbedingt mitnehmen.
2. Suppengrün waschen und kleinschneiden, das Lorbeerblatt mit der Nelke auf die Zwiebel spicken. Die Fischabfälle gründlich waschen und mit Zwiebel, Wasser und Wein in einen Topf geben. Die Pfefferkörner dazugeben, salzen und den Sud 20 Minuten leise köcheln lassen.
3. Möhren, Petersilienwurzeln und Sellerie schälen und erst in dünne Scheiben, dann in feine Streifen schneiden.
4. Ein Spitzsieb mit einem Mulltuch auslegen und den Sud nach und nach hineingießen. Den Sud in einem großen Topf zum Kochen bringen und die Gemüsestreifen darin 4 bis 5 Minuten garen. Mit einem Schaumlöffel herausheben und warm stellen.
5. Wallerfilets mit Salz und Pfeffer einreiben, in den Sud geben und bei schwacher Hitze zugedeckt 8 bis 10 Minuten pochieren. Ebenfalls herausheben, abdecken und warm stellen.
6. Den Kochsud bei starker Hitze um die Hälfte einkochen lassen. Die Butter in kleinen Stücken mit einem Schneebesen unterschlagen.
7. Den Fisch auf vier vorgewärmte Teller legen, mit dem Gemüse belegen und mit der Sauce übergießen. Den Meerrettich raspeln, den Schnittlauch fein schneiden und beides darüberstreuen.

Pro Person:
Kalorien (kcal) 717
Eiweiß (g) 98
Fett (g) 26
Kohlenhydrate (g) 8

Dazu passen am besten Salzkartoffeln und ein kräftiger Weißwein, z. B. ein Weißburgunder.

ROCHEN MIT ESSIGBUTTER

Von diesem etwas eigenwillig aussehenden Fisch werden fast ausschließlich die Flügel im Handel angeboten. Nur kleinere Exemplare kann man im Ganzen kaufen. Als Flügel werden die stark vergrößerten Brustflossen bezeichnet, die mit dem Körper verwachsen sind. Rochen besitzen statt der Gräten ein knorpeliges Skelett. Das gelatinehaltige Fleisch hat einen leichten Ammoniakgeschmack, der gewöhnungsbedürftig ist.

Für 4 Personen
Zubereitungszeit: 15 Minuten

4 Rochenflügel (à 250 g)
1/2 l Wasser
1/4 l Milch
2 Petersilienstengel
1 Thymianzweig
4 Pfefferkörner
Salz
4 EL Olivenöl, z. B. Olivenöl extra virgen
60 g Butter
2 EL Aceto Balsamico
1/2 Bund Petersilie, gehackt

1. Die Rochenflügel am besten gleich vom Fischhändler enthäuten lassen.
2. Wasser, Milch, Kräuter, Pfefferkörner und Salz in einen großen, breiten Topf geben und die Rochenflügel hineinlegen. Langsam zum Kochen bringen und bei schwacher Hitze etwa 5 bis 6 Minuten pochieren.
3. Öl und Butter erhitzen, den Essig dazugießen und kurz aufschäumen lassen.
4. Die Rochenflügel mit dem Schaumlöffel aus dem Sud heben, gut abtropfen lassen und auf eine vorgewärmte Platte legen. Mit der Essigbutter begießen und die Petersilie darüberstreuen.

Pro Person:
Kalorien (kcal) 483
Eiweiß (g) 50
Fett (g) 26
Kohlenhydrate (g) 4

• Rochenflügel schmecken auch als kalte Vorspeise sehr fein. Dazu pochiert man sie am besten in einem Wein-Essig-Sud und läßt sie darin erkalten. Durch das gelatinehaltige Fleisch wird daraus eine Art Sülzfisch, den man mit einer Tomaten- oder Kräutervinaigrette, aber auch mit Sauce Tatare servieren kann.
• Auf die gleiche Weise kann man auch Angelschellfisch pochieren, der dann mit einer Senfsauce serviert wird. Für die Senfsauce läßt man den Kochsud mit 1/8 l Sahne sämig einkochen und rührt zum Schluß, je nach gewünschter Schärfe, 2 bis 3 EL mittelscharfen Senf darunter.

SCHOLLENRÖLLCHEN AUF GURKENGEMÜSE

Das magere und schmackhafte Fleisch der Scholle – mancherorts besser unter der Bezeichnung Glattbutt bekannt – ist zwar nicht ganz so delikat wie das anderer Plattfische, dafür ist es aber wesentlich preiswerter. Die weiße Haut ist sehr zart und kann mitgegessen werden. Inzwischen findet man Schollenfilets auch in der Tiefkühltruhe jedes Supermarktes. Am besten schmeckt der Plattfisch aber frisch gefangen!

Für 4 Personen
Zubereitungszeit: 45 Minuten

- 8 Schollenfilets (à 80 g)
- Salz
- frisch gemahlener weißer Pfeffer
- Saft von 1 Zitrone
- 2 Tomaten
- 2 EL gehackte Frühlingskräuter

Für das Gemüse:

- 2 mittelgroße Schmorgurken
- 2 Schalotten
- 30 g Butter
- Salz
- frisch gemahlener Pfeffer
- 4 EL trockener Weißwein
- 1/8 l Sahne
- 1/2 Bund Dill
- 2 EL geschlagene Sahne

1. Die Schollenfilets waschen, trockentupfen, mit Salz und Pfeffer einreiben und mit Zitronensaft beträufeln.
2. Tomaten blanchieren, häuten, entkernen und in kleine Würfel schneiden. Mit den Kräutern vermischen und auf der Hautseite der Filets verteilen. Filets aufrollen und mit einem Holzspießchen zusammenstecken. Kalt stellen.
3. Die Gurken schälen, längs halbieren und die Kerne mit einem Löffel herausschaben. Quer in feine Streifen schneiden. Schalotten schälen und in kleine Würfel schneiden.
4. Die Butter in einem Schmortopf zerlassen und die Schalottenwürfel darin glasig dünsten. Die Gurkenstücke dazugeben und kurz mit andünsten. Mit Salz und Pfeffer würzen, mit Wein und Sahne aufgießen. Den Dill fein hacken und eine Hälfte unter die Gurken mischen. Zugedeckt bei schwacher Hitze 4 bis 5 Minuten schmoren.
5. Die Schollenröllchen auf das Gemüse legen und zugedeckt bei schwacher Hitze 6 bis 8 Minuten garen.
6. Die Röllchen herausnehmen und warm stellen. Sahne und restlichen Dill unter das Gemüse mischen, auf vier Teller verteilen und mit den Schollenröllchen belegen.

Pro Person:
Kalorien (kcal) 341
Eiweiß (g) 34
Fett (g) 19
Kohlenhydrate (g) 3

Achtung: Die Hautseite der Filets muß beim Rollen immer innen sein, da die Fischröllchen beim Garen sonst aufplatzen.

ROTBARSCH AUF WACHSBOHNEN

Für 4 Personen
Zubereitungszeit: 45 Minuten

800 g Rotbarschfilet
Salz
frisch gemahlener Pfeffer
Saft von 1/2 Zitrone
500 g Wachsbohnen
3 EL Olivenöl, z. B. Olivenöl extra virgen
3 EL Schalottenwürfel
1/2 TL Fenchelsamen
1 Bohnenkrautzweig
1/4 l Geflügelfond
2 EL gehackte Petersilie

1. Fischfilet waschen, trockentupfen und in mundgerechte Stücke schneiden. Mit Salz und Pfeffer würzen und mit Zitronensaft beträufeln.
2. Die Bohnen waschen und, falls nötig, entfädeln. Das Öl erhitzen und die Schalottenwürfel glasig dünsten. Fenchelsamen, Bohnenkraut und Bohnen dazugeben. Würzen, mit Geflügelfond aufgießen und etwa 15 Minuten köcheln lassen.
3. Den Fisch auf das Gemüse legen und zugedeckt bei schwacher Hitze 15 Minuten garen. Mit Petersilie bestreuen.

Pro Person:
Kalorien (kcal) 444
Eiweiß (g) 56
Fett (g) 15
Kohlenhydrate (g) 15

THUNFISCH AUF LAUCHGEMÜSE

Für 4 Personen
Zubereitungszeit: 50 Minuten

4 Thunfischkoteletts (à 180 g)
Salz
frisch gemahlener Pfeffer
Saft von 1/2 Zitrone
2 dicke Lauchstangen
40 g Butter
100 ml halbtrockener Weißwein
100 g Crème fraîche
frisch geriebene Muskatnuß
1/2 Bund Petersilie
einige Minzeblätter

1. Fisch waschen, trockentupfen, mit Salz und Pfeffer würzen und mit Zitronensaft beträufeln.
2. Von den Lauchstangen die Wurzeln und das grüne Ende entfernen. Die Stangen längs einschneiden, waschen und in feine Ringe schneiden.
3. Die Butter zerlassen und den Lauch darin andünsten. Wein und Crème fraîche hinzufügen und mit Salz, Pfeffer und Muskat würzen. Zugedeckt 25 Minuten bei mittlerer Hitze schmoren.
4. Nach 10 Minuten die Thunfischkoteletts auf das Gemüse legen. Petersilie hacken und mit den Minzeblättern darüberstreuen.

Pro Person:
Kalorien (kcal) 508
Eiweiß (g) 48
Fett (g) 29
Kohlenhydrate (g) 4

SEETEUFEL AUF RATATOUILLE

Fast noch besser bekannt ist dieser Fisch bei uns unter der italienischen Bezeichnung »Lotte«. Das grätenlose, aromaintensive Fleisch, das geschmacklich ein wenig an Languste erinnert, begeistert auch diejenigen, die um alle grätenverdächtigen Nahrungsmittel eher einen großen Bogen machen. Das würzige Gemüse harmoniert sehr gut mit dem festen Fischfleisch.

Für 4 Personen
Zubereitungszeit: 50 Minuten

- 1 mittelgroße Aubergine
- 2 mittelgroße Zucchini
- je 1 rote und 1 gelbe Paprikaschote
- 1 große Gemüsezwiebel
- 1 Knoblauchzehe
- 5 EL Olivenöl, z. B. Olivenöl extra virgen
- Salz
- frisch gemahlener Pfeffer
- 1 TL Kräuter der Provence
- 1/8 l Tomatensaft
- 1/8 l Roséwein aus der Provence
- 800 g Seeteufel (Lotte)
- 1 Rosmarinzweig

1. Aubergine und Zucchini waschen, putzen und in etwa 1/2 cm große Würfel schneiden. Paprikaschoten halbieren, Stengelansätze und Samenstränge entfernen. Die Zwiebel schälen und wie die Paprikaschoten in sehr kleine Würfel schneiden. Die Knoblauchzehe schälen und fein hacken.

2. Das Öl in einem breiten Schmortopf erhitzen und das Gemüse scharf anbraten. Die Auberginen und Zucchini sollen dabei leicht bräunen. Mit Salz, Pfeffer und Kräutern abschmecken und mit Tomatensaft und Wein aufgießen. Das Ratatouille etwa 5 Minuten bei mittlerer Hitze köcheln lassen.

3. Das Seeteufelfleisch vom Mittelknorpel lösen und in mundgerechte Stücke schneiden. Mit Salz und Pfeffer würzen und mit dem Rosmarin auf dem Gemüse verteilen. Den Fisch zugedeckt 5 bis 6 Minuten garen. Fisch und Ratatouille im Schmortopf servieren.

Pro Person:
Kalorien (kcal) 347
Eiweiß (g) 41
Fett (g) 14
Kohlenhydrate (g) 7

Genießen Sie dieses Gericht mit knusprigem Baguette und natürlich einem Glas Roséwein. Ein leichter Rotwein aus der Côte de Provence harmoniert aber auch sehr gut.

GEDÜNSTETER KABELJAU AUF GEMÜSE

Der Kabeljau, in seinen jungen Jahren Dorsch genannt, zählt zu den preiswerteren Fischen. Sicherlich ist das Fleisch nicht ganz so delikat wie das einer Seezunge, aber es gibt zahlreiche Gerichte, bei denen sehr zartes Fleisch völlig fehl am Platze wäre. Meistens wird Kabeljau als Filet angeboten, wesentlich schmackhafter ist aber das Schwanzstück!

Für 4 Personen
Zubereitungszeit: 1 Stunde

- 5 bis 6 Schalotten
- 500 g Kartoffeln
- 2 Möhren
- 100 g Knollensellerie
- 1 Lauchstange
- 4 Tomaten
- 50 g durchwachsener Räucherspeck
- 30 g Butter
- Salz
- frisch gemahlener Pfeffer
- 1 kleine Knoblauchzehe
- 2 Lorbeerblätter
- 1/8 l trockener Weißwein
- 400 ml Fischfond
- 1,2 kg Kabeljau (Schwanzstück)
- Saft von 1 Zitrone
- 1/2 Bund Petersilie

1. Schalotten, Kartoffeln, Möhren und Sellerie schälen. Von der Lauchstange die Wurzeln und das grüne Ende entfernen. Die Stange längs halbieren und gründlich waschen. Die Schalotten halbieren, das restliche Gemüse in Würfel oder Scheiben schneiden.
2. Die Tomaten blanchieren, häuten, vierteln und entkernen. Den Räucherspeck in kleine Würfel schneiden
3. Die Butter in einem Bräter zerlassen und den Räucherspeck glasig dünsten. Das Gemüse dazugeben und mitandünsten. Mit Salz und Pfeffer würzen. Knoblauch schälen, fein zerdrücken und mit den Lorbeerblättern dazugeben. Mit Wein und Fischfond aufgießen.
4. Kabeljau waschen, trockentupfen, mit Salz und Pfeffer einreiben und mit Zitronensaft beträufeln. Den Fisch in den Bräter geben, mit dem Gemüse bedecken und zugedeckt 35 bis 40 Minuten garen.
5. Die Petersilie fein schneiden, darüberstreuen und alles im Bräter servieren.

Pro Person:
Kalorien (kcal) 566
Eiweiß (g) 56
Fett (g) 16
Kohlenhydrate (g) 35

• Wenn Sie kein Schwanzstück vom Kabeljau bekommen, können Sie auch Filets in dem Gemüse garen. Dann muß das Gemüse allerdings ohne Fisch erst 10 Minuten vorgegart werden.
• Anstelle des Kabeljaus können Sie auch Lengfisch oder Seehecht verwenden.

GESCHMORTER STOCKFISCH MIT KARTOFFELN

Stock- oder Klippfisch, in mediterranen Ländern eine Spezialität, ist bei uns weniger bekannt. Der weißlich getrocknete Kabeljau in Form von Fladen wird eher skeptisch betrachtet, und das nötige Wässern ist für viele ein wenig mühsam. Sobald die Fischfladen aber die Flüssigkeit aufgesogen haben, lassen sich daraus vielerlei schmackhafte Köstlichkeiten zaubern.

Für 4 Personen
Zubereitungszeit: 50 Minuten
Einweichzeit: 24 Stunden

800 g Stock- oder Klippfisch
1 kg festkochende Kartoffeln
2 Zwiebeln
6 EL Olivenöl, z. B. Olivenöl extra virgen
1 EL Tomatenmark
400 ml Fischfond
Cayennepfeffer
frisch gemahlener Pfeffer
Salz
2 Lorbeerblätter
1 TL Paprikapulver, edelsüß
2 bis 3 EL frisch geriebener Parmesan

1. Stock- oder Klippfisch in vier Stücke schneiden und in reichlich kaltem Wasser etwa 24 Stunden einweichen, dabei das Wasser einige Male erneuern.
2. Kartoffeln schälen und in dünne Scheiben, die Zwiebeln schälen und in dünne Ringe schneiden.
3. 4 EL Öl in einem breiten Schmortopf erhitzen und die Zwiebelringe darin glasig dünsten. Das Tomatenmark mit dem Fischfond verrühren und über die Zwiebeln gießen.
4. Die Kartoffeln dazugeben. Mit Cayennepfeffer, Pfeffer, wenig Salz, Lorbeerblättern und Paprika würzen und zugedeckt bei schwacher Hitze 5 Minuten köcheln lassen. Den Backofen auf 180° C vorheizen.
5. Den Fisch gut abtropfen lassen, in den Topf geben und mit Kartoffeln und Zwiebeln bedecken. Zugedeckt 20 bis 25 Minuten im Backofen garen.
6. Den Deckel abnehmen, mit Parmesan bestreuen und mit dem restlichen Öl beträufeln. Bei 220° C in wenigen Minuten goldbraun überbacken.

Pro Person:
Kalorien (kcal) 784
Eiweiß (g) 101
Fett (g) 14
Kohlenhydrate (g) 45

GESCHMORTE KALMARE

Bekommt man die eigenwillig aussehenden Meerestiere nicht im Handel, kann man ebenso auf Tintenfische oder ohne Bedenken auch auf tiefgekühlte Ware zurückgreifen. Die Zitrone verleiht dem aus südlichen Ländern stammenden Gericht nicht nur die geschmacklich Note, es macht das eiweißreiche, etwas festere Fleisch der Kalmare auch ein wenig mürber.

Für 4 Personen
Zubereitungszeit: 40 Minuten
Marinierzeit: 1 Stunde

- 4 bis 6 Kalmare, je nach Größe
- Saft von 1 Zitrone
- 4 Tomaten
- 4 Schalotten
- 1 Knoblauchzehe
- 2 Basilikumzweige
- 5 EL Olivenöl, z. B. Olivenöl extra virgen
- 1 Prise Zucker
- 1/8 l trockener Weißwein
- Salz
- frisch gemahlener Pfeffer
- 2 EL feingeschnittene Petersilie

1. Die Kalmare, wie auf Seite 26/27 beschrieben, säubern. Die Körper in schmale Streifen schneiden, mit Zitronensaft beträufeln, abdecken und etwa 1 Stunde im Kühlschrank marinieren lassen.
2. Tomaten blanchieren, häuten, halbieren, entkernen und in Würfel schneiden. Schalotten schälen und in Würfel schneiden. Den Knoblauch schälen und fein zerdrücken, Basilikumblätter hacken.
3. Öl in einem Schmortopf erhitzen und die Schalotten darin glasig dünsten. Tomaten, Zucker, Knoblauch sowie Basilikum dazugeben und mit Weißwein aufgießen.
4. Die Kalmare samt Marinade untermischen und zugedeckt bei schwacher Hitze 35 bis 40 Minuten schmoren. Mit Salz und Pfeffer abschmecken und mit Petersilie bestreuen.

Pro Person:
Kalorien (kcal) 258
Eiweiß (g) 21
Fett (g) 13
Kohlenhydrate (g) 8

• Vor dem Servieren unbedingt testen, ob die Kalmare auch richtig weich sind. Gegebenenfalls muß die Garzeit verlängert werden.
• Soll das feine Ragout etwas schärfer sein, schmort man 1/2 bis 1 frische, feingehackte Pfefferschote mit.

FISCH AUS PFANNE UND WOK

Egal, ob Sie schmackhafte Klassiker, neue leichte Kreationen oder Gerichte aus asiatischen Ländern in Pfanne oder Wok zubereiten – diese Köstlichkeiten dürfen Sie sich einfach nicht entgehen lassen!

AALTOURNEDOS MIT SALBEI

Vielen ist nur der Räucheraal ein Begriff. Frischen Aal, der in der Pfanne gebraten wurde, kennen dagegen nur wenige. Dabei schmeckt er, auf diese Weise zubereitet, einfach sensationell. Zugegeben, das Aalfleisch ist etwas fettreicher als das vieler anderer Fische, aber die kleine Kaloriensünde lohnt sich!

Für 4 Personen
Zubereitungszeit: 20 Minuten

- 1 kg Aal
- Salz
- frisch gemahlener Pfeffer
- 1 kleines Bund Salbei
- 8 Scheiben roher Schinken, dünn aufgeschnitten
- 4 kleine Zucchini
- 2 EL Keimöl
- einige Thymianzweige
- 1 bis 2 EL Zitronensaft
- 1 Bund Petersilie

1. Den Aal am besten vom Fischhändler häuten und in acht etwa 4 cm lange Stücke schneiden lassen.
2. Den Aal mit Salz und Pfeffer würzen. Um den Rand jeweils 2 Salbeiblätter legen und diese mit je einer Scheibe Schinken umwickeln. Den Backofen auf 180° C vorheizen.
3. Die Zucchini waschen und erst der Länge nach in dünne Scheiben, dann quer in feine Streifen schneiden.
4. Öl in einer Pfanne erhitzen, einige Salbeiblätter dazugeben und die Aaltournedos auf jeder Seite 3 bis 4 Minuten scharf anbraten. Herausnehmen, in eine feuerfeste Form legen und im Backofen in 4 bis 5 Minuten fertiggaren.
5. Inzwischen die Zucchini in dem Bratfett bei starker Hitze goldgelb braten. Mit Salz, Pfeffer und Thymian würzen und mit Zitronensaft beträufeln.
6. Die Zucchinistreifen auf vier vorgewärmte Teller verteilen und die Tournedos darauf anrichten. Die Petersilie hacken und darüberstreuen. Mit Salzkartoffeln oder Weißbrot servieren.

Pro Person:
Kalorien (kcal) 853
Eiweiß (g) 47
Fett (g) 67
Kohlenhydrate (g) 1

• Dazu paßt sehr gut ein gehaltvoller Weißwein, zum Beispiel ein kalifornischer Chardonnay aus der Barrique.
• Das schmackhafte Aalfleisch harmoniert auch sehr gut mit einem würzigen Ratatouille oder einem feinen Wirsinggemüse.

Tournedos vorbereiten
Den gehäuteten und in etwa 4 cm lange Stücke geschnittenen Aal mit Salz und Pfeffer würzen. Um den Rand jeweils 2 Salbeiblätter legen und diese mit je einer Scheibe Schinken umwickeln. Mit Küchengarn festbinden.

Aaltournedos anbraten
Öl in einer großen Pfanne erhitzen, einige Salbeiblätter dazugeben und die Aaltournedos darin pro Seite etwa 3 bis 4 Minuten scharf anbraten. Die Fischstücke müssen leicht gebräunt sein.

Aal fertiggaren
Die Aaltournedos in eine feuerfeste Form legen und für 4 bis 5 Minuten in den vorgeheizten Backofen stellen. Dabei gart der Fisch auf sanfte Weise, ohne trocken zu werden.

Zucchini braten
In dem Bratfett die Zucchinistreifen bei starker Hitze scharf anbraten. Mit Salz, Pfeffer und Thymian würzen und dabei immer wieder mit einer Backschaufel wenden.

Anrichten
Die Zucchini mit Zitronensaft beträufeln. Die Zucchinistreifen auf vier vorgewärmte Teller verteilen und die Tournedos darauf anrichten. Die Petersilie hacken und darüberstreuen. Mit Salzkartoffeln oder Weißbrot servieren.

GEBRATENE ROTBARBEN

Für 4 Personen
Zubereitungszeit: 15 Minuten

8 küchenfertige Rotbarben
(à 150 g)
Salz
frisch gemahlener Pfeffer
3 bis 4 EL Mehl
etwa 1/8 l Olivenöl
4 Zitronen

1. Die Fische waschen und trockentupfen. Mit Salz und Pfeffer einreiben, in Mehl wenden und überschüssiges Mehl abklopfen. Den Backofen auf 150° C vorheizen.

2. Öl in einer großen, hochwandigen Pfanne erhitzen und die Hälfte der Fische darin auf jeder Seite 3 Minuten knusprig braten. Die Fische aus dem Öl nehmen und im Backofen warm halten, bis die restlichen Fische gebraten sind.

3. Zitronen in Viertel schneiden und sofort mit den Fischen servieren.

Pro Person:
Kalorien (kcal) 367
Eiweiß (g) 57
Fett (g) 10
Kohlenhydrate (g) 3

GEBRATENE WITTLINGFILETS MIT PILZEN

Für 4 Personen
Zubereitungszeit: 25 Minuten

4 Wittlingfilets (à 150 g)
Salz, frisch gemahlener Pfeffer
Saft von 1/2 Zitrone
2 bis 3 EL Mehl
50 g Butter
200 g Champignons
100 g ausgelöste Krabben
4 EL Crème fraîche
1 EL geriebener Meerrettich
1 Eigelb
1 EL Schnittlauchröllchen

1. Filets waschen und trockentupfen. Mit Salz und Pfeffer einreiben und mit Zitronensaft beträufeln. In Mehl wenden und überschüssiges Mehl abklopfen. Den Backofen auf 150° C vorheizen.

2. Butter zerlassen und die Filets darin bei mittlerer Hitze pro Seite 3 bis 4 Minuten braten. Herausnehmen und im Backofen warm halten.

3. Champignons putzen und in dünne Scheiben schneiden. Die Pilze im Bratfett andünsten, dann die Krabben dazugeben.

4. Crème fraîche, Meerrettich und Eigelb verquirlen und unter die Pilze rühren. Erhitzen, aber nicht kochen lassen. Die Filets mit den Pilzen überziehen und mit Schnittlauch bestreuen.

Pro Person:
Kalorien (kcal) 329
Eiweiß (g) 33
Fett (g) 17
Kohlenhydrate (g) 4

FORELLEN MIT MANDELN

Für 4 Personen
Zubereitungszeit: 30 Minuten

- 4 küchenfertige Forellen (à 300 g)
- Salz
- frisch gemahlener Pfeffer
- 2 bis 3 EL Mehl
- 120 g Butter
- 50 g Mandelblättchen
- 2 bis 3 Petersilienzweige

1. Forellen waschen, trockentupfen und mit Salz und Pfeffer einreiben. Dann in dem Mehl wenden und überschüssiges Mehl abklopfen.
2. In einer Fischpfanne 50 g Butter zerlassen und die Fische hineinlegen. Bei mittlerer Hitze pro Seite 8 bis 10 Minuten braten .
3. Restliche Butter in einer zweiten Pfanne aufschäumen lassen und die Mandelblättchen darin goldbraun braten.
4. Die Forellen auf einer Platte anrichten, mit Mandeln und Butter übergießen und mit der Petersilie garnieren.

Pro Person:
Kalorien (kcal) 518
Eiweiß (g) 72
Fett (g) 20
Kohlenhydrate (g) 4

GEBRATENE SCAMPI MIT SHERRY UND KAPERN

Für 4 Personen
Zubereitungszeit: 20 Minuten

- 16 Scampi in der Schale
- 4 EL Olivenöl, z. B. Olivenöl extra virgen
- 1 Knoblauchzehe
- 2 cl Fino-Sherry
- Salz
- frisch gemahlener Pfeffer
- 2 EL kleine Kapern

1. Die Scampi der Länge nach halbieren und die Därme mit einem spitzen Messer vorsichtig entfernen.
2. Öl in einer Pfanne erhitzen. Den Knoblauch schälen und darin goldgelb braten. Herausnehmen und die Scampi mit der Fleischseite nach unten in das heiße Öl legen.
3. Die Scampi 2 bis 3 Minuten bei mittlerer Hitze braten, wenden und die Schalenseite 1 bis 2 Minuten braten.
4. Mit Sherry begießen, mit Salz und Pfeffer würzen und die Kapern darüberstreuen. Kurz durchschwenken und mit Weißbrot servieren.

Pro Person:
Kalorien (kcal) 89
Eiweiß (g) 5
Fett (g) 7
Kohlenhydrate (g) 1

SCHOLLE FINKENWERDER ART

Diese Hamburger Spezialität ist, mit frisch gefangenen Schollen zubereitet, ein Hochgenuß. Deswegen ist das einfache Fischgericht wohl im südlichen Teil unseres Landes nicht ganz so bekannt. Verwendet man die tiefgefrorenen Filets des Plattfisches, büßt man an Geschmack ein. Übrigens, am besten schmecken die Schollen – natürlich mit Kartoffel-Gurken-Salat – im Mai!

Für 4 Personen
Zubereitungszeit: 30 Minuten

- 4 küchenfertige Schollen (à 350 g)
- Saft von 1 Zitrone
- 100 g durchwachsener Räucherspeck
- 2 EL Keimöl
- 3 bis 4 EL Mehl
- Salz
- frisch gemahlener Pfeffer
- 30 g Butter
- 1 Zitrone

1. Schollen waschen, trockentupfen und mit Zitronensaft beträufeln.
2. Den Räucherspeck in sehr kleine Würfel schneiden. In einer Pfanne das Öl erhitzen und die Speckwürfel darin glasig braten.
3. Mehl mit Salz und Pfeffer vermischen und die Schollen darin wenden. Überschüssiges Mehl abklopfen.
4. Die Speckwürfel mit einem Schaumlöffel aus der Pfanne heben und beiseite stellen. Die Schollen im Bratfett auf jeder Seite 6 bis 8 Minuten goldbraun braten. Herausnehmen und auf eine vorgewärmte Platte legen.
5. Das Bratfett abgießen und die Butter in der Pfanne aufschäumen lassen. Die Zitrone in Viertel schneiden.
6. Jede Scholle mit Speckwürfeln bestreuen, mit heißer Butter begießen und mit Zitrone garnieren.

Pro Person:
Kalorien (kcal) 560
Eiweiß (g) 70
Fett (g) 25
Kohlenhydrate (g) 3

Wer sicher gehen will, daß der Speck nicht zu salzig schmeckt, kann ihn vor dem Braten kurz in kochendem Wasser blanchieren.

KABELJAU IM EI-KÄSE-MANTEL

Für 4 Personen
Zubereitungszeit: 15 Minuten

- 4 Kabeljaufilets
- Salz
- frisch gemahlener Pfeffer
- Mehl zum Wenden
- 2 Eier
- 2 EL Crème fraîche
- 2 EL frisch geriebener Parmesan
- 2 EL Olivenöl, z. B. Olivenöl extra virgen
- 40 g Butter

1. Die Fischfilets waschen, trockentupfen und mit Salz und Pfeffer einreiben. In Mehl wenden und überschüssiges Mehl abklopfen.
2. Eier, Crème fraîche und Parmesan verrühren und die Filets darin wenden.
3. Öl und Butter erhitzen und die Filets darin bei mittlerer Hitze pro Seite 3 bis 4 Minuten braten. Eine frisch zubereitete Tomatensauce paßt sehr gut dazu!

Pro Person:
Kalorien (kcal) 285
Eiweiß (g) 31 15
Fett (g)
Kohlenhydrate (g) 1

GEBRATENE HERINGE

Für 4 Personen
Zubereitungszeit: 20 Minuten

- 8 mittelgroße Grüne Heringe, küchenfertig
- Saft von 1 Zitrone
- 8 Thymianzweige
- Salz
- frisch gemahlener Pfeffer
- 4 bis 5 EL Mehl
- 1/8 l Keimöl

1. Heringe waschen, trockentupfen und mit Zitronensaft beträufeln. Jeweils einen Thymianzweig in die Bauchhöhlen legen. Den Backofen auf 150° C erhitzen.
2. Salz, Pfeffer und Mehl vermischen und die Heringe darin wenden. Überschüssiges Mehl abklopfen.
3. Öl in einer Pfanne erhitzen und die Hälfte der Heringe darin von jeder Seite 3 bis 4 Minuten goldbraun und knusprig braten. Herausnehmen und warm stellen, bis die zweite Hälfte gebraten ist.
4. Mit Kartoffel- und Feldsalat servieren. Dazu passen eine Senfsauce und ein kühles Pils.

Pro Person:
Kalorien (kcal) 306
Eiweiß (g) 34
Fett (g) 15
Kohlenhydrate (g) 4

FISCHFRIKADELLEN

Das ist Fast food vom Feinsten: Mit Fischfrikadellen überzeugt man nicht nur Kinder von Fisch, sondern belehrt auch so manchen verwöhnten Feinschmecker eines Besseren. Für die Frikadellen besonders gut geeignet, wenn auch nicht gerade billig, ist Hechtfleisch. Es hat einen ausgesprochen feinen Eigengeschmack. Durch das Pürieren und Passieren werden nebenbei auch die zahlreichen kleinen Gräten, die das Hechtfleisch enthält, entfernt.

Für 4 Personen
Zubereitungszeit: 40 Minuten
Kühlzeit: 1 Stunde

- 2 Brötchen vom Vortag
- 2 Schalotten
- 1 große Möhre
- 20 g Butter
- 1 EL gehackte Petersilie
- 500 g Hechtfilet
- 2 Eigelb
- 1 Eiweiß
- 2 EL Noilly Prat
- Salz
- frisch gemahlener weißer Pfeffer
- etwas Cayennepfeffer
- 6 EL Keimöl

1. Die Brötchen in kaltem Wasser einweichen. Schalotten und Möhre schälen und beides in kleine Würfel schneiden. In Butter andünsten, die Petersilie untermischen und abkühlen lassen.
2. Das gut gekühlte Hechtfilet durch die feine Scheibe eines Fleischwolfes drehen oder in der Küchenmaschine fein pürieren.
3. Die Brötchen sehr gut ausdrücken und mit Gemüse, Eigelb, Eiweiß und Noilly Prat unter die Fischfarce rühren. Rasch zu einem glatten Teig verarbeiten. Mit Salz, Pfeffer und Cayennepfeffer herzhaft abschmecken.
4. Mit nassen Händen aus der Farce acht Küchlein formen und auf eine Platte legen. Abdecken und etwa 30 Minuten in den Kühlschrank stellen.
5. Öl in einer Pfanne erhitzen und die Frikadellen bei mittlerer Hitze auf jeder Seite 4 bis 6 Minuten goldbraun braten.

Pro Person:
Kalorien (kcal) 360
Eiweiß (g) 32
Fett (g) 17
Kohlenhydrate (g) 14

• Für Kinder kann man die Fischfrikadellen auch als Burger anbieten: Dazu die Frikadellen mit Salatblättern und einem würzigen Relish in Brötchen füllen!
• Wenn Sie Gäste bewirten wollen, servieren Sie die Frikadellen mit einer frisch aufgeschlagenen Senfhollandaise und feinem Gartengemüse.

SCHWERTFISCH MIT ORANGEN-ROSINEN-SAUCE

Das etwas fettreichere Fleisch des Schwertfisches ist ideal zum Kurzbraten geeignet, da es nicht so leicht austrocknet. Der herzhafte, fast fleischähnliche Geschmack harmoniert vorzüglich mit der süß-sauren Sauce.

Für 4 Personen
Zubereitungszeit: 45 Minuten

50 g Rosinen
6 cl Amontillado-Sherry
4 unbehandelte Orangen
4 Schwertfischkoteletts
(à 200 g)
Salz
frisch gemahlener Pfeffer
2 EL Sahne
1 Ei
2 EL Mehl
etwa 80 g Mandelblättchen
4 EL Olivenöl, z. B. Olivenöl
extra virgen
1/2 TL Thymianblätter
40 g eiskalte Butter

1. Die Rosinen mit dem Sherry begießen, abdecken und etwa 20 Minuten marinieren lassen.
2. Die Orangen gut waschen und von 2 Früchten die Schale mit einem Zesten- oder Juliennereißer in feinen Streifen abziehen. Die Früchte halbieren und den Saft auspressen.
3. Die restlichen 2 Orangen schälen, so daß die weiße Haut völlig entfernt wird. Die Früchte filetieren, den dabei abtropfenden Saft auffangen.
4. Die Fischkoteletts waschen, trockentupfen und mit Salz und Pfeffer einreiben. Sahne und Ei verquirlen. Die Koteletts erst in Mehl, dann in der Sahne und zum Schluß in den Mandelblättchen wenden und die Panade gut festdrücken. Backofen auf 150° C vorheizen.
5. Öl in einer großen Pfanne erhitzen und die Koteletts darin auf jeder Seite 3 bis 4 Minuten goldbraun braten. Den Fisch auf einer Platte im Backofen warm halten.
6. Thymian in den Bratenfond geben und mit Orangensaft ablöschen. Die Rosinen samt Einweichflüssigkeit sowie Orangenfilets und die -schale dazugeben und bei starker Hitze leicht einkochen lassen.
7. Die Orangenfilets um die Koteletts anordnen. Die Butter in kleinen Stückchen unter die Sauce schlagen und den Fisch damit begießen.

Pro Person:
Kalorien (kcal) 634
Eiweiß (g) 46
Fett (g) 35
Kohlenhydrate (g) 23

• Körnig gekochter Basmatireis ist eine gelungene Ergänzung!
• Anstelle von Schwertfisch kann man dieses Rezept auch mit Thunfischkoteletts zubereiten.
• Zum Marinieren der Rosinen sollten Sie unbedingt einen halbtrockenen Amontillado-Sherry verwenden. Dieser mildert die Säure der Orangen, die sonst zu dominant wäre.

FRITIERTE TINTENFISCHE

Die kleinen Tintenfische, die in heißem Fett ausgebacken wurden, schmecken äußerst delikat. Wenn Sie keine Zwerg-Tintenfische bekommen, sollten Sie das zarte Fleisch der Kalmar unbedingt Tintenfischringen vorziehen. Besonders attraktiv sieht das Gericht aus, wenn man die ausgebackenen Seppiolini oder Novellini auf fritierten Petersilienzweigen oder auf Algen serviert.

Für 4 Personen
Zubereitungszeit: 15 Minuten
Marinierzeit: 1 Stunde

- 250 g kleine Tintenfische (Seppiolini oder Novellini) oder tiefgekühlte Tintenfischringe
- 4 cl Fino-Sherry
- 2 EL Zitronensaft
- einige Spritzer Worcestersauce
- 1 Spritzer Tabasco-Sauce
- 2 bis 3 EL Mehl
- frisch gemahlener Pfeffer
- Keimöl zum Ausbacken
- Salz
- einige Zitronenviertel

1. Die Tintenfische, wie auf Seite 26/27 beschrieben, vorbereiten.
2. Sherry, Zitronensaft, Worcester- und Tabasco-Sauce zu einer Marinade verrühren und die Tintenfische darin etwa 1 Stunde marinieren lassen.
3. Das Mehl mit etwas Pfeffer vermischen. Die Tintenfische abtropfen lassen, in dem Mehl wenden und überschüssiges Mehl abklopfen.
4. Das Öl in einer Friteuse auf 180° C erhitzen und die Tintenfische darin portionsweise in etwa 3 bis 4 Minuten goldbraun ausbacken.
5. Tintenfische auf Küchenpapier abtropfen lassen. Mit Salz bestreuen und mit der Zitrone anrichten.

Pro Person:
Kalorien (kcal) 165
Eiweiß (g) 12
Fett (g) 20
Kohlenhydrate (g) 2

• Dazu paßt eine frisch zubereitete Knoblauchmayonnaise oder eine würzige Kräutersauce.
• Köstlich schmecken die kleinen Tintenfische auch paniert. Dazu die küchenfertigen Tintenfische zuerst in Mehl, dann in verquirltem Ei und zum Schluß in Paniermehl oder in feinzerbröselten Cornflakes wenden.
• Ausgebackene Tintenfische kann man als Vorspeise servieren oder mit einem gemischten Salat als sättigende Hauptmahlzeit anbieten.

1

2

3

1. Fritierte Sardellen (für 4 Personen)
800 g Sardellen (etwa 4 bis 5 cm lang) waschen, in 1/8 l Milch tauchen und abtropfen lassen. 3 bis 4 EL Mehl mit Salz und Pfeffer vermischen. Die Fische in ein Sieb geben, mit dem Mehl bestäuben und durch Schütteln überschüssiges Mehl entfernen. Reichlich Olivenöl in einer Friteuse auf 180° C erhitzen und die Fische darin in 2 bis 3 Minuten goldbraun und knusprig backen. Die Sardellen auf Küchenpapier abtropfen lassen. Die Zweige von 1 Bund Petersilie kurz fritieren und mit den Sardellen auf einer vorgewärmten Platte anrichten. 2 Zitronen in Viertel schneiden und dazu servieren.

2. Karpfen in Bierteig (für 4 Personen)
700 g Karpfenfilet in etwa 3 cm breite Stücke schneiden. Mit dem Saft von 1/2 Zitrone beträufeln und mit Salz und Pfeffer würzen. 200 g Mehl, 1/8 l Bier und 3 Eigelb zu einem glatten Teig verrühren und mit Salz und frisch geriebener Muskatnuß würzen. 3 Eiweiß steif schlagen und unterziehen. Reichlich Butterschmalz in einer Friteuse auf 180° C erhitzen. Die Fischstücke portionsweise in 4 bis 5 Minuten goldbraun backen. Auf Küchenpapier abtropfen lassen.

3. Ausgebacke Fischbällchen (für 4 Personen)
200 g Stockfisch 24 Stunden in Wasser einweichen, dabei das Wasser öfters erneuern. Dann den Fisch 10 Minuten in dem Einweichwasser leicht köcheln lassen. 80 g Mehl, 10 g Hefe und 2 bis 3 EL lauwarmes Wasser verrühren. Den Stockfisch gut abtropfen lassen, mit einer Gabel zerdrücken und mit 2 Eiern, 3 EL Schalottenwürfeln, 3 EL feingeschnittenem Schnittlauch und 1 feingehackten Knoblauchzehe verrühren. Mit Cayennepfeffer würzen und unter den Hefeteig rühren. Den Teig ca. 15 Minuten gehen lassen. Reichlich Olivenöl in einer Friteuse auf 180° C erhitzen. Aus dem Teig walnußgroße Bällchen formen und in 4 bis 6 Minuten goldbraun backen. Auf Küchenpapier abtropfen lassen.

SCAMPI MIT ANANAS UND CURRY

Sich im Wirrwarr der zahlreichen Bezeichnungen und Arten von Krustentieren auszukennen, ist schon eine bemerkenswerte Leistung. Kaisergranat kennt man bei uns meistens unter der italienischen Bezeichnung Scampi. Da das köstliche Fleisch nur im Schwanz sitzt, werden sie überwiegend ohne Kopf und Scheren angeboten. Die Ähnlichkeit mit Riesengarnelenschwänzen führt somit häufig zu Verwechslungen.

Für 4 Personen
Zubereitungszeit: 30 Minuten

- 16 große Scampi (Kaisergranat)
- 150 g Ananasfruchtfleisch
- 1 Bund Frühlingszwiebeln
- 1 kleine rote Pfefferschote
- 4 EL Keimöl
- 1 EL Curry
- 2 cl Oloroso-Sherry
- 2 EL Mango-Chutney
- 6 EL Hummerfond
- Salz
- frisch gemahlener Pfeffer
- 2 EL Kokosflocken
- 2 EL geschlagene Sahne

1. Die Scampi, wie auf Seite 26/27 beschrieben, ausbrechen. Ananas in kleine Stücke schneiden. Von den Frühlingszwiebeln die Wurzeln und das grüne Ende entfernen und in feine Ringe schneiden. Die Pfefferschote halbieren, entkernen und fein hacken.
2. Öl in einem Wok erhitzen und die Scampi darin rasch unter Wenden bei starker Hitze anbraten. Herausnehmen, abdecken und warm stellen.
3. Die Zwiebeln, Ananas und Pfefferschote im Bratfett andünsten. Mit Curry bestäuben, kurz rösten und mit Sherry ablöschen. Mango-Chutney und den Hummerfond unterrühren und kurz aufkochen lassen. Mit Salz und Pfeffer würzen, die Scampi dazugeben und durchschwenken.
4. Die Kokosflocken in einer Pfanne ohne Fettzugabe hellgelb rösten. Die Sahne locker unter die Sauce ziehen und mit Kokosflocken bestreuen. Am besten paßt dazu körnig gekochter Reis.

Pro Person:
Kalorien (kcal) 144
Eiweiß (g) 8
Fett (g) 7
Kohlenhydrate (g) 9

SÜSS-SAURE GARNELEN MIT PAPRIKA

Auch Garnelen werden unter verschiedensten Bezeichnungen angeboten. In vielen Ländern bezeichnet man kleine Garnelen als Shrimps und größere Exemplare als Riesengarnelen, Prawns oder King Prawns. Eine einheitliche Einteilung gibt es bislang nicht.

Für 4 Personen
Zubereitungszeit: 40 Minuten

- 20 große Garnelenschwänze
- 1 Eiweiß
- 2 EL Aceto Balsamico
- 4 EL Reiswein
- 2 EL Sojasauce
- 1 EL Ketchup
- Salz
- frisch gemahlener Pfeffer
- etwas Cayennepfeffer
- 2 rote Paprikaschoten
- 4 Frühlingszwiebeln
- 1 kleine rote Pfefferschote
- 2 bis 3 EL Speisestärke, z. B. Mondamin, 8 EL Keimöl
- etwas frisch geraspelter Ingwer
- 3 bis 4 EL Hummerfond

1. Die Garnelenschwänze, wie auf Seite 26/27 beschrieben, ausbrechen.

2. Das Eiweiß leicht schaumig schlagen und Essig, Reiswein, Sojasauce und Ketchup unterrühren. Mit Salz, Pfeffer und Cayennepfeffer würzen und die Garnelen darin etwa 15 Minuten marinieren lassen.

3. Paprikaschoten waschen, halbieren und Stengelansätze sowie Samenstränge entfernen. Die Hälften in 2 cm große Würfel schneiden. Von den Frühlingszwiebeln die Wurzeln und das grüne Ende entfernen und in Ringe schneiden. Die Pfefferschote halbieren, entkernen und fein hacken.

4. Die Garnelen aus der Marinade nehmen und abtropfen lassen, die Marinade aufbewahren. Die Garnelen mit der Speisestärke bestäuben.

5. Öl in einem Wok erhitzen und die Garnelen darin rasch unter Rühren anbraten. Herausnehmen, abdecken und warm stellen.

6. Das Gemüse im Bratfett unter Rühren 5 bis 6 Minuten bei mittlerer Hitze garen. Mit Ingwer würzen und mit der Marinade und dem Hummerfond aufgießen. Einige Minuten durchkochen lassen, dann die Garnelen wieder in den Wok geben und mit Salz und Pfeffer würzig abschmecken.

Pro Person:
Kalorien (kcal) 185
Eiweiß (g) 12
Fett (g) 12
Kohlenhydrate (g) 5

Sehr gut schmecken die Garnelen auch, wenn man zum Schluß noch einige Ananasstückchen untermischt.

SEETEUFEL IN SESAMHÜLLE MIT WIRSING

Der schuppenlose Fisch mit dem riesigen Kopf ist bei uns auch unter der französischen Bezeichnung Lotte de mer bekannt. In Italien findet man ihn als coda ri rospo auf der Speisekarte und in England ist er jedem als Anglerfish ein Begriff. Das feste weiße Fleisch des Fisches ist sehr gut zum Braten geeignet, da es garantiert nicht zerfällt.

Für 4 Personen
Zubereitungszeit: 45 Minuten

- 600 g Seeteufelfilet (Lotte)
- Salz
- frisch gemahlener Pfeffer
- 2 Eiweiß
- 2 EL Speisestärke, z. B. Mondamin
- etwa 80 g Sesamsamen
- 1 kleiner Wirsingkopf
- 1 rote Paprikaschote
- 6 EL Keimöl
- 1 TL Curry
- frisch geriebene Muskatnuß
- 2 cl Amontillado-Sherry
- 1/8 l Hummerfond
- 1 EL Sherry-Essig
- 100 g gegarte Tellerlinsen
- einige Kerbelzweige

1. Das Filet waschen, trockentupfen und in mundgerechte Stücke schneiden. Mit Salz und Pfeffer würzen. Das Eiweiß leicht schaumig schlagen und die Speisestärke unterrühren. Das Filet zuerst im Eiweiß, dann in Sesamsamen wenden. Die Panade gut festdrücken. Den Fisch abdecken und kalt stellen.
2. Den Wirsing halbieren, den Strunk entfernen und die Hälften in kleine Stücke schneiden. Die Paprikaschote waschen, halbieren und Stengelansatz sowie Samenstränge entfernen. Die Hälften in kleine Würfel schneiden.
3. Öl in einem Wok erhitzen und die Filetstücke von allen Seiten in 2 bis 3 Minuten anbraten. Herausnehmen und warm stellen.
4. Das Gemüse in das Bratfett geben und unter Rühren bei mittlerer Hitze 5 bis 6 Minuten andünsten. Mit Curry und Muskat würzen und mit Sherry, Hummerfond und Essig aufgießen. Kurz durchkochen lassen, dann die Linsen unter das Gemüse mischen und darin erwärmen.
5. Den Fisch auf dem Gemüse anrichten, mit Kerbelblättchen bestreuen und servieren.

Pro Person:
Kalorien (kcal) 446
Eiweiß (g) 39
Fett (g) 23
Kohlenhydrate (g) 14

Anstelle des Seeteufelfilets eignen sich auch Riesengarnelen oder ein anderes festes Fischfleisch, etwa vom Wolfsbarsch oder Zander, für dieses Rezept.

PFANNENGERÜHRTER FISCH MIT GEMÜSE

Leichtbekömmlich, kalorienarm, rasch zubereitet und wohlschmeckend – das alles sind Kriterien, die für Genießer heute wichtig sind und die bei diesem Gericht zutreffen. Die Zutaten können jederzeit variiert werden. So bleibt es dem eigenen Geschmack und Ihrem Geldbeutel überlassen, welchen Fisch und welche Gemüsesorten sie auswählen. Sie sollten allerdings unbedingt einen Fisch mit festem Fleisch wählen oder sich für Garnelen oder Scampi entscheiden.

Für 4 Personen
Zubereitungszeit: 45 Minuten

500 g Fischfilet (z. B. Wittling, Zander, Wolfsbarsch, Wels) oder Garnelenfleisch
Salz
frisch gemahlener Pfeffer
Saft von 1/2 Zitrone
2 Selleriestangen
2 kleine Zucchini
1 rote Paprikaschote
4 Frühlingszwiebeln
100 g Shiitake-Pilze
1/2 rote Pfefferschote
5 EL Keimöl
1 EL Speisestärke, z. B. Mondamin
etwas frisch geraspelter Ingwer
1 Msp gemahlener Koriander
1 TL Curry
3 EL Sojasauce
4 EL Fino-Sherry
1 TL Sherry-Essig
100 ml Fischfond
2 EL gehacktes Cilantro (Koriandergrün) oder Petersilie

1. Das Filet waschen, trockentupfen und in große Würfel schneiden. Filetwürfel oder Garnelen mit Salz und Pfeffer würzen und mit Zitronensaft beträufeln.
2. Das Gemüse putzen und waschen. Alles in Scheiben, Streifen oder Würfel schneiden, die Pfefferschote fein hacken.
3. Öl in einem Wok erhitzen und den Fisch oder die Garnelen bei starker Hitze 2 bis 3 Minuten rundherum anbraten. Herausnehmen, abdecken und warm stellen.
4. Das Gemüse in den Wok geben und in etwa 5 bis 8 Minuten bißfest garen.
5. Die Speisestärke mit den Gewürzen vermischen und mit Sojasauce, Sherry, Essig und dem Fond glattrühren. Die Mischung über das Gemüse gießen und einige Minuten durchkochen lassen.
6. Die Filetstücke oder die Garnelen mit dem entstandenen Saft untermischen und kurz erhitzen. Mit Cilantro oder Petersilie bestreuen und servieren. Dazu klebrig gekochten Duftreis servieren.

Pro Person:
Kalorien (kcal) 288
Eiweiß (g) 25
Fett (g) 14
Kohlenhydrate (g) 8

FISCH AUS DEM BACKOFEN

Umhüllt von Blätterteig, geschützt durch eine Salzkruste oder mit einem Schweinenetz umwickelt – so vorbereitet und anschließend im Backofen gebraten, sind Fische ein unwiderstehlicher Gaumenschmaus!

GEFÜLLTER WOLFSBARSCH IN BLÄTTERTEIG

Umhüllt von Blätterteig gart der Wolfsbarsch samt Füllung im eigenen Saft. Das Aroma bleibt voll erhalten. Die knusprige Hülle liefert zudem noch einen geschmacklichen Kontrast zum zarten Fischfleisch. Den Fisch unbedingt vor dem Backen sorgfältig entgräten, das erhöht den Genuß!

Für 4 Personen
Zubereitungszeit: 2 Stunden

- 600 g Blätterteig, tiefgekühlt
- 1 Wolfsbarsch von etwa 800 g (Loup de mer), nicht ausgenommen
- 400 g rohe, geschälte Garnelenschwänze
- 3 Eier
- 1/4 l Sahne
- 4 TL Hummerbutter
- Salz
- frisch gemahlener weißer Pfeffer
- 1 EL feingehackte Estragonblätter
- 1 Eiweiß, 1 Eigelb

1. Die Blätterteigplatten nebeneinander legen und auftauen lassen.
2. Vom Fisch die Flossen mit einer Schere abschneiden, die Kiemen entfernen und den Fisch zum Füllen vorbereiten (siehe auch Seite 24/25). Den Fisch mit kaltem Wasser auswaschen und trockentupfen. Noch sichtbare Gräten mit einer Pinzette herausziehen .
3. Eine Metallschüssel in eine größere, mit Eiswürfeln gefüllte Schüssel stellen. Die gut gekühlten Garnelenschwänze in Stücke schneiden, in die Schüssel geben und mit dem Stabmixer fein pürieren.
4. Eier, Sahne und Hummerbutter nach und nach dazugeben. Die Farce mit Salz und Pfeffer würzen und für etwa 10 Minuten in das Tiefkühlgerät stellen. Den Backofen auf 200° C vorheizen.
5. Je 4 Blätterteigplatten anfeuchten, übereinanderlegen und jeweils zu einer Platte, etwas größer als der Fisch, ausrollen. Ein Backblech mit Backpapier auslegen und eine Teigplatte daraufgeben. Den Wolfsbarsch darauflegen und mit Salz, Pfeffer und Estragon einreiben. Den Fisch mit der Farce füllen.
6. Die Teigplatte rund um den Fisch mit Eiweiß bestreichen und die zweite Platte darauflegen. Die Ränder gut festdrücken, dabei die Fischform nachformen. Mit einem Teigrädchen den überflüssigen Teig abschneiden, dabei einen etwa 1 1/2 cm breiten Rand lassen.
7. Aus dem restlichen Teig, Flossen, Schwanz und Schuppen formen und den Fisch damit dekorieren. Mit Eigelb bestreichen und im Backofen etwa 30 Minuten backen. Vor dem Anschneiden mindestens 5 Minuten ruhen lassen.

Pro Person:
Kalorien (kcal) 1270
Eiweiß (g) 72
Fett (g) 80
Kohlenhydrate (g) 47

Fisch vorbereiten
Die Flossen mit einer Allzweckschere abschneiden, die Kiemen entfernen und den Fisch am Rücken beidseitig der Mittelgräte einschneiden (siehe auch Seite 24/25).

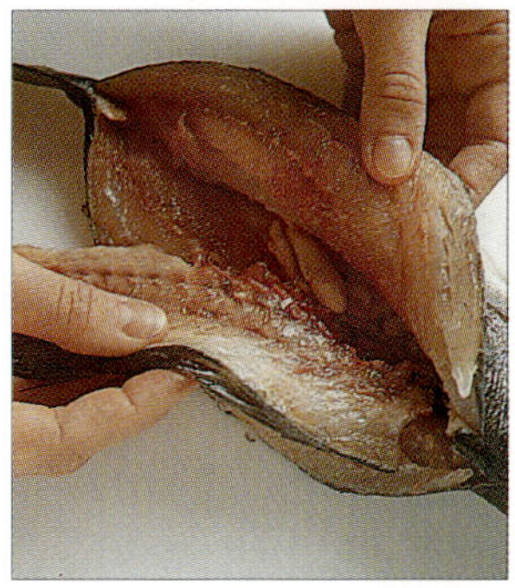

Fisch vorbereiten
Die freigelegte Mittelgräte am Kopf und Schwanz durchschneiden und das gesamte Skelett mitsamt den Innereien vorsichtig herausholen. Den Fisch mit kaltem Wasser auswaschen und trockentupfen (siehe auch Seite 24/25).

Farce zubereiten
Gekühlte Garnelenschwänze in Stücke schneiden, in eine Metallschüssel geben und diese in eine größere, mit Eiswürfeln gefüllte Schüssel stellen. Mit einem Stabmixer fein pürieren. Eier, Sahne und die Hummerbutter nach und nach dazugeben, würzen.

Fisch umhüllen
Den Blätterteig zu zwei Platten, die etwas größer als der Fisch sind, ausrollen. Eine Teigplatte auf ein mit Backpapier ausgelegtes Backblech legen. Den Fisch darauflegen, würzen und mit der Farce füllen. Die Teigränder mit Eiweiß bestreichen, die zweite Teigplatte darüberlegen.

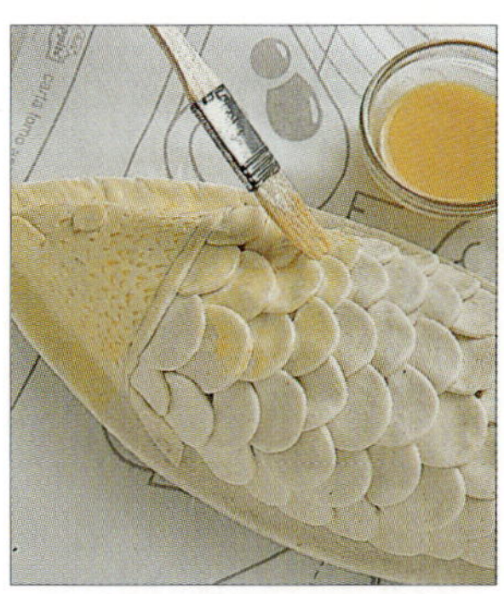

Fisch dekorieren
Ränder gut festdrücken, dabei die Fischform nachformen. Überflüssigen Teig abschneiden, dabei einen etwa 1 1/2 cm breiten Rand lassen. Den restlichen Teig zu Schwanz, Flossen und Schuppen formen und den Fisch damit dekorieren. Mit Eigelb bestreichen und etwa 30 Minuten backen.

DORADE IM SALZMANTEL

Fisch im Salzmantel oder -teig zu backen, ist eine uralte Garmethode, die heutzutage nur noch selten angewandt wird. Und das, obwohl das Gargut äußerst wohlschmeckend ist. Durch die dichte, harte Salzkruste geht kein bißchen vom Eigengeschmack verloren! Die Zubereitung ist aufwendig und lohnt sich nur bei sehr aromatischen Fischen wie Dorade, Lachs oder Wolfsbarsch.

Für 4 Personen
Zubereitungszeit: 45 Minuten

- 1 küchenfertige Dorade royale (Goldbrasse) von etwa 1,2 kg
- frisch gemahlener Pfeffer
- 1/2 Bund Petersilie
- 2 Thymianzweige
- 1 1/2 kg grobes Meersalz
- 4 Eiweiß
- etwas Wasser

1. Dorade waschen, trockentupfen und innen und außen mit Pfeffer einreiben. Die Petersilie und den Thymian in die Bauchhöhle stecken. Backofen auf 220° C vorheizen.
2. Das Salz in eine Schüssel geben, das Eiweiß leicht schaumig schlagen und unter das Salz rühren. Falls nötig, so viel Wasser dazugießen, daß ein formbarer Teig entsteht.
3. Drei Stück extra-starke Alufolie in Größe des Fisches der Länge nach wie eine Ziehharmonika falten. Die Enden zusammenstecken und mit dem so entstehenden verstärkten Streifen die Kontur des Fisches nachformen.
4. Diese Form auf ein Backblech legen und die Hälfte des Salzteiges darin verteilen. Den Fisch darauflegen und mit dem restlichen Salzteig bedecken. Die Oberfläche mit einer nassen Palette glattstreichen. Im Backofen etwa 25 Minuten backen.
5. Den Fisch in der Salzkruste servieren und diese erst bei Tisch aufbrechen.

Pro Person:
Kalorien (kcal) 303
Eiweiß (g) 52
Fett (g) 7
Kohlenhydrate (g) 0

Man kann den Salzteig auch mit Mehl zu einem festeren, knetbaren Teig verarbeiten. Der Vorteil ist, daß man dann den Teig ausrollen und den Fisch, wie auf Seite 115 beschrieben, damit umhüllen kann. Für diesen Salzteig verkneten Sie 250 g Mehl, 1 kg Meersalz, 2 Eier und so viel Wasser, bis ein geschmeidiger Teig entstanden ist.

GLATTBUTT IM SCHWEINENETZ

Wenn Sie Gäste erwarten und ihnen etwas ganz Besonderes anbieten wollen, dann probieren Sie das nachfolgende Rezept. Vergessen Sie allerdings nicht, das Schweinenetz rechtzeitig bei Ihrem Metzger zu bestellen!

Für 4 Personen
Zubereitungszeit: 45 Minuten

2 Schweinenetze
2 Glattbutt (à 800 g)
200 g Möhren
200 g Knollensellerie
1 dünne Lauchstange
4 EL Keimöl
Salz
frisch gemahlener Pfeffer
1/2 TL Thymianblätter
1/8 l trockener Weißwein

1. Die Schweinenetze in reichlich lauwarmem Salzwasser wässern. Dabei das Wasser zwischendurch immer wieder erneuern.
2. Die Fische waschen und trockentupfen. Möhren und Knollensellerie schälen, von der Lauchstange die Wurzeln und das grüne Ende entfernen. Das Gemüse in winzig kleine Würfel schneiden.
3. 2 EL Öl erhitzen und das Gemüse darin andünsten. Mit Salz, Pfeffer und Thymian würzen. Dann auf einem Sieb gut abtropfen lassen, die Flüssigkeit auffangen. Den Backofen auf 180° C vorheizen.
4. Die Schweinenetze gut abtropfen lassen und auf einem Küchentuch ausbreiten. Die Hälfte der Gemüsemischung auf den beiden Netzen verteilen, je einen Glattbutt darauflegen und mit dem restlichen Gemüse bedecken. Die Fische mit den Schweinenetzen umhüllen.
5. Das restliche Öl in einem Bräter erhitzen, die Fische hineingeben und kurz anbraten. Mit dem Wein begießen und im Backofen 20 bis 25 Minuten garen. Zwischendurch mit dem aufgefangenen Gemüsesaft begießen.
6. Die Fische am besten mit Salzkartoffeln servieren.

Pro Person:
Kalorien (kcal) 544
Eiweiß (g) 91
Fett (g) 12
Kohlenhydrate (g) 6

Besonders fein schmeckt das Gericht, wenn man den Glattbutt durch Steinbutt oder Seezunge ersetzt. Dann ist es allerdings etwas teurer. Für eine preiswertere Version nimmt man Scholle oder Flunder!

RED SNAPPER MIT LORBEER UND ZITRONE

Für 4 Personen
Zubereitungszeit: 40 Minuten

- 1 küchenfertiger Red Snapper (1,2 bis 1,5 kg), ersatzweise Zahn- oder Goldbrasse
- Salz, frisch gemahlener Pfeffer
- 2 unbehandelte Zitronen
- 6 frische Lorbeerblätter
- 1/8 l Olivenöl

1. Fisch waschen, trockentupfen und, wie auf Seite 24 beschrieben, die Kiemen entfernen. Die Haut mit einem spitzen Messer leicht einritzen und mit Salz und Pfeffer einreiben. Backofen auf 200° C vorheizen.

2. Eine Zitrone in Scheiben schneiden und mit 2 Lorbeerblättern in die Bauchhöhle stecken. Von der zweiten Zitrone die Schale abreiben, dann den Saft auspressen.

3. Restliche Lorbeerblätter in feine Streifen schneiden und mit Zitronenschale, -saft und Öl in einem Bräter erhitzen. Den Fisch hineinlegen und im Backofen 25 bis 30 Minuten garen. Zwischendurch einmal wenden und mit dem Bratensaft begießen.

Pro Person:
Kalorien (kcal) 461
Eiweiß (g) 62
Fett (g) 18
Kohlenhydrate (g) 1

MAKRELE IN ALUFOLIE GEGART

Für 4 Personen
Zubereitungszeit: 50 Minuten

- 4 Makrelen (à 350 g)
- Salz, frisch gemahlener Pfeffer
- Saft von 1 Zitrone
- 1 EL Thymianblätter
- 1 TL Rosmarinnadeln
- 1 Bund glatte Petersilie
- 2 Knoblauchzehen
- 4 EL Tomatenwürfel
- 6 EL Olivenöl, z. B. Olivenöl extra virgen

1. Fische waschen, trockentupfen und, wie auf Seite 24 beschrieben, die Kiemen entfernen. Mit Salz und Pfeffer einreiben und mit Zitronensaft beträufeln. Den Backofen auf 180° C vorheizen.

2. Kräuter und Knoblauch fein hacken. Die Tomatenwürfel und 4 EL Öl dazugeben, verrühren und die Mischung in den Bauchhöhlen der Fische verteilen.

3. Vier ausreichend große Stücke Alufolie mit dem restlichen Öl bestreichen und jeweils einen Fisch darin gut verpacken. Nebeneinander auf ein Backblech legen und 30 bis 35 Minuten garen.

Pro Person:
Kalorien (kcal) 544
Eiweiß (g) 77
Fett (g) 21
Kohlenhydrate (g) 1

LACHS MIT MEERRETTICHSAUCE

Für 4 Personen
Zubereitungszeit: 30 Minuten

- 4 Lachsfilets (à 180 g)
- Salz
- frisch gemahlener weißer Pfeffer
- 20 g Butter
- 400 ml Sahne
- 2 Eigelb
- 2 bis 3 EL frisch geriebener Meerrettich
- 3 EL gehackte Petersilie

1. Die Filets waschen, trockentupfen, in Streifen schneiden und mit Salz und Pfeffer würzen. Eine Auflaufform mit Butter ausfetten und die Filets hineinlegen. Den Backofen auf 200° C vorheizen.

2. Sahne, Eigelb, Meerrettich und Petersilie verrühren und über die Lachsfilets gießen. Im Backofen in etwa 15 Minuten goldbraun backen.

Pro Person:
Kalorien (kcal) 623
Eiweiß (g) 46
Fett (g) 43
Kohlenhydrate (g) 4

HECHTFILETS MIT SENFSAUCE

Für 4 Personen
Zubereitungszeit: 30 Minuten

- 4 Hechtfilets (à 180 g)
- Salz
- frisch gemahlener Pfeffer
- Saft von 1/2 Zitrone
- 20 g Butter
- 200 ml Sahne
- 2 EL Crème fraîche
- 2 Eigelb
- 2 bis 3 EL feinwürziger Dijon-Senf
- 1 EL feingeschnittener Dill
- 2 EL gehackte Petersilie
- 2 EL frisch geriebenes Weißbrot

1. Die Filets waschen, trockentupfen, mit Salz und Pfeffer einreiben und mit Zitronensaft beträufeln. Eine Auflaufform mit Butter ausfetten und die Hechtfilets hineinlegen. Backofen auf 200° C vorheizen.

2. Die restlichen Zutaten miteinander verrühren und über die Fischfilets verteilen. Im Backofen in 15 bis 20 Minuten goldbraun backen.

Pro Person:
Kalorien (kcal) 423
Eiweiß (g) 43
Fett (g) 24
Kohlenhydrate (g) 2

ZANDER AUF BLATTSPINAT

Ein im Ganzen gebratener Fisch ist ein besonderer Leckerbissen, der von Feinschmeckern jedem Fischfilet, auch wenn es noch so ausgefallen zubereitet wurde, vorgezogen wird. Dieses Rezept ist eine Abwandlung des Klassikers »Hecht Badische Art«. Der Zander schmeckt ebenso gut wie Hecht, besitzt aber wesentlich weniger kleine Gräten.

Für 4 Personen
Zubereitungszeit: 1 Stunde

- 1 küchenfertiger Zander (1,2 bis 1,5 kg)
- Salz
- frisch gemahlener Pfeffer
- Saft von 1 Zitrone
- 4 EL Olivenöl, z. B. Olivenöl extra virgen
- 1 EL feingehackter Estragon
- 1 kg junger Blattspinat
- 1 Zwiebel
- 1 Knoblauchzehe
- 30 g Butter
- frisch geriebene Muskatnuß
- 1/4 l Sahne
- 2 EL Noilly Prat

1. Zander waschen, trockentupfen und die Haut mit einem scharfen Messer leicht einritzen. Salz, Pfeffer, Zitronensaft, Öl und Estragon verrühren. Mit der Hälfte davon den Fisch innen und außen bestreichen und etwa 30 Minuten marinieren lassen.

2. Den Spinat verlesen, gründlich waschen und abtropfen lassen. Zwiebel und Knoblauch schälen, in kleine Würfel schneiden und in zerlassener Butter andünsten. Den Spinat dazugeben und zugedeckt in wenigen Minuten zusammenfallen lassen.

3. Den Spinat mit Salz, Pfeffer und Muskat würzen, mit Sahne und Noilly Prat aufgießen und auf dem Boden eines Fischbräters verteilen.

4. Den Zander auf das Spinatbett setzen und 25 bis 30 Minuten garen, dabei immer wieder mit der restlichen Marinade bestreichen. Den Fisch in dem Bräter servieren und erst bei Tisch portionieren.

Pro Person:
Kalorien (kcal) 673
Eiweiß (g) 77
Fett (g) 33
Kohlenhydrate (g) 4

• Gart man Fische im Ganzen, hat es sich bewährt, wenn man sie an der dicksten Stelle mit einem scharfen Messer quer ein paar mal einige Millimeter tief einschneidet. So gart der Fisch rascher und gleichmäßiger.

• Meeresfische (z. B. Meeräsche, Wolfsbarsch oder Dorsch) schmecken auf diese Weise gegart auch sehr fein!

KARPFEN IN WEINSAUCE

In Deutschland ist Weihnachten oder Silvester ohne Karpfen fast unvorstellbar! In den östlichen Regionen des Landes genießt man den Süßwasserfisch mit einer Biersauce, die mit Lebkuchen gebunden wird. Da diese Zubereitung für viele ein wenig gewöhnungsbedürftig ist, hier eine modernere, leichtere Variante!

Für 4 Personen
Zubereitungszeit: 1 Stunde

1 küchenfertiger Spiegelkarpfen
(1,2 bis 1,5 kg)
Salz
frisch gemahlener Pfeffer
Saft von 1 Zitrone
1 Bund Petersilie
2 Zitronenthymianzweige
1 Zwiebel
1 Bund Suppengrün
40 g Butter
1/4 l trockener, gehaltvoller
Weißwein (z. B. ein Riesling
von der Mosel)
1/8 l Fischfond
1/8 l Sahne
1 Eigelb

1. Karpfen waschen, trockentupfen und die Haut einige Male mit einem scharfen Messer leicht einritzen. Mit Salz und Pfeffer einreiben und mit Zitronensaft beträufeln. Die Hälfte von der Petersilie und dem Thymian in die Bauchhöhle stecken.
2. Den Backofen auf 180° C vorheizen. Zwiebel schälen, das Suppengrün putzen und beides kleinschneiden. 30 g Butter in einem Fischbräter zerlassen und das Gemüse darin andünsten. Den Karpfen dazugeben, mit der restlichen Butter belegen und mit Wein und Fischfond begießen.
3. Den Karpfen im Backofen 30 bis 40 Minuten garen, dabei immer wieder mit dem Bratenfond begießen. Falls der Fisch zu stark bräunt, mit Alufolie abdecken. (Läßt sich die Rückenflosse leicht herausziehen, ist der Fisch gar!)
4. Den Karpfen mit Hilfe von zwei Fischhebern aus dem Bräter heben und auf einer vorgewärmten Platte warm halten. Bratenfond und Gemüse mit einem Stabmixer pürieren, durch ein Sieb streichen und in einer Sauteuse zum Kochen bringen.
5. Sahne und Eigelb verquirlen und unter die Sauce rühren. Erhitzen, aber keinesfalls mehr kochen lassen. Zum Schluß die restliche Petersilie und den Thymian fein hacken und unter die Sauce mischen. Mit Salz, Pfeffer und Zitronensaft nachwürzen.
6. Die Sauce getrennt zum Karpfen reichen. Eine ideale Ergänzung sind Salzkartoffeln und grüner Salat.

Pro Person:
Kalorien (kcal) 563
Eiweiß (g) 67
Fett (g) 25
Kohlenhydrate (g) 3

ROTBARSCHFILET IM REISBLATT

Ist der Fisch von Gemüseblättern, Teig oder wie in diesem Rezept von Reisblättern umhüllt, wird er schonend gegart, und das Fischaroma kann sich besonders gut entfalten. Außer Rotbarsch kann man auch Filets anderer Fische mit festem Fleisch verwenden. Wer ganze Fische bevorzugt, sollte einmal Rotbarben auf diese Weise zubereiten.

Für 4 Personen
Zubereitungszeit: 1 Stunde

- 8 Rotbarschfilets (à 90 g)
- Salz
- frisch gemahlener Pfeffer
- Saft von 1/2 Zitrone
- 2 große Möhren
- 100 g Knollensellerie
- 150 g Egerlinge
- 6 Frühlingszwiebeln
- 3 EL Keimöl
- 2 EL Sojasauce
- 4 EL Reiswein
- Cayennepfeffer
- 8 Reispapiere (22 cm Durchmesser)
- 40 g Butter
- 1/4 l Fischfond

1. Die Filets waschen, trockentupfen, mit Salz und Pfeffer einreiben und mit Zitronensaft beträufeln.
2. Möhren und Knollensellerie schälen und in feine Streifen schneiden. Die Egerlinge putzen und in feine Scheiben schneiden. Von den Frühlingsziebeln die Wurzeln und das grüne Ende entfernen und in feine Ringe schneiden.
3. Das Öl erhitzen und das Gemüse darin andünsten. Mit Sojasauce und Reiswein ablöschen und die Flüssigkeit bei starker Hitze einkochen lassen. Mit Salz, Pfeffer und Cayennepfeffer würzen und abkühlen lassen. Backofen auf 200° C vorheizen.
4. Die Reispapiere einzeln zwischen zwei nasse Tücher legen, damit sie formbar werden. Dann auf jedes Reisblatt etwas Gemüse geben, Fischfilets darauflegen und mit dem restlichen Gemüse bedecken. Die Filets mit den Reisblättern umhüllen.
5. Eine Auflaufform mit 20 g Butter ausfetten und die Fischpäckchen mit den Rändern nach unten in die Form legen. Mit Fischfond aufgießen und mit der restlichen Butter in Stücken belegen. Im Backofen in 16 bis 18 Minuten knusprig backen.

Pro Person:
Kalorien (kcal) 397
Eiweiß (g) 44
Fett (g) 17
Kohlenhydrate (g) 7

1

2

3

1. Knurrhahn mit Fenchel (für 4 Personen)
8 Knurrhahnfilets (à 120 g) waschen, trockentupfen und mit Salz und Pfeffer einreiben. 2 große Fenchelknollen putzen und längs halbieren. Strunk entfernen und die Hälften in feine Streifen schneiden. Den Fenchel 10 Minuten in kochendem Salzwasser blanchieren, abtropfen lassen und in einen mit Butter ausgefetteten Bräter geben. 200 g Tomatenwürfel darüber verteilen und mit 2 EL frisch gehacktem Basilikum bestreuen. Die Fischfilets darauf anrichten. 100 ml Olivenöl (z. B. Olivenöl extra virgen) mit dem Saft von 1 Zitrone und einigen feingehackten Fenchelsamen verrühren und die Filets damit bestreichen. Im 200° C heißen Backofen etwa 15 bis 20 Minuten garen. Im Bräter servieren. (Statt Knurrhahnfilets können Sie auch Filets von Seeteufel oder Rotbarben verwenden.)

2. Kabeljau mit Kartoffeln (für 4 Personen)
800 g Kabeljaufilet waschen, trockentupfen, mit Salz und Pfeffer einreiben und mit Zitronensaft beträufeln. 800 g festkochende Kartoffeln schälen und in hauchdünne Scheiben hobeln. Kurz in kochendem Salzwasser blanchieren und abtropfen lassen. Eine Auflaufform mit Butter ausfetten und mit der Hälfte der Kartoffeln auslegen. Mit den Fischfilets belegen und mit den restlichen Kartoffeln bedecken. 1/4 l Sahne mit 2 cl Noilly Prat und 2 EL gehackter Petersilie verrühren. Mit Salz, Pfeffer und frisch gemahlenem Koriander würzen. Über die Kartoffeln gießen, mit 30 g Butter belegen und im 200° C heißen Backofen 30 bis 40 Minuten garen.

3. Forellen auf mediterrane Art (für 4 Personen)
4 Forellen (à 350 g) waschen, trockentupfen und mit Salz und Pfeffer einreiben. In die Bauchhöhle jeder Forelle je 1 Thymianzweig und 1 Salbeiblatt legen. 2 EL Olivenöl (z. B. Olivenöl extra virgen) in einem Bräter erhitzen und 2 EL Schalottenwürfel sowie 1 feingehackte Knoblauchzehe darin andünsten. 4 EL Tomatenwürfel und 5 kleingeschnittene schwarze Oliven sowie 2 feingehackte Salbeiblätter dazugeben und mit 1/8 l trockenem Weißwein aufgießen. Die Forellen in den Bräter legen. 4 EL Olivenöl (z. B. Olivenöl extra virgen) mit Salz, Pfeffer, etwas feingehacktem Fenchelsamen und 2 EL Zitronensaft verrühren und die Forellen damit bestreichen. Im 200° C heißen Backofen etwa 25 bis 30 Minuten garen.

GRATINIERTE FLUSSKREBSE

Einheimische Flußkrebse sind rar und damit auch sehr teuer geworden. Inzwischen werden sie allerdings in verschiedenen Teilen Europas mit Erfolg gezüchtet! Zuchtkrebse sind etwas kleiner als die wilden Artgenossen, dafür aber auch um einiges preiswerter.

Für 4 Personen
Zubereitungszeit:
1 Stunde 30 Minuten

- 1 l Fischfond
- 1/4 l trockener Weißwein
- je 1 Dill-, Petersilien- und Thymianzweig
- 1 Lorbeerblatt
- 2 kg lebende Flußkrebse
- 150 g Butter
- 50 g Tomatenmark
- 2 cl Cognac
- 2 EL Gemüsewürfel (z. B. Lauch, Möhre und Knollensellerie)
- Salz
- 4 EL Crème fraîche
- 1 TL scharfer Senf
- Cayennepfeffer
- 2 EL geschlagene Sahne

1. Fischfond und Wein mit den Kräutern zum Kochen bringen. Die Flußkrebse portionsweise hineingeben und 3 Minuten im Sud ziehen lassen.

2. Die Krebse aus dem Sud nehmen, die Schwänze abdrehen und das Fleisch aus den Schalen brechen. Die Scheren durch Drehen vom unteren Glied trennen. Die Karkassen im Mörser zerstoßen.

3. Die Butter zerlassen und die Karkassen darin anrösten. Das Tomatenmark dazugeben und mit Cognac ablöschen.

4. Einkochen lassen und mit dem Krebssud aufgießen. Bei schwacher Hitze 1 Stunde köcheln lassen, dann durch ein feines Sieb gießen und kalt stellen. Das erstarrte Fett vom Fond abheben und aufbewahren.

5. Die Gemüsewürfel in Salzwasser blanchieren und abschrecken. Den Backofen auf 220° C oder einen Grill vorheizen.

6. Den Krebsfond auf 1/8 l einkochen lassen, Crème fraîche unterrühren und kurz aufkochen lassen. Mit Senf, Salz, und Cayennepfeffer würzen und die eiskalte Krebsbutter in kleinen Stücken unter die Sauce schlagen. Von der Kochstelle nehmen und die Sahne unterziehen.

7. Krebsfleisch, -scheren und Gemüsewürfel in eine flache, feuerfeste Form geben, mit der Sauce bedecken und im Backofen oder unter dem Grill einige Minuten gratinieren.

Pro Person:
Kalorien (kcal) 395
Eiweiß (g) 29
Fett (g) 26
Kohlenhydrate (g) 4

LACHSFORELLE MIT MANDELKRUSTE

Für 4 Personen
Zubereitungszeit: 25 Minuten

2 Lachsforellenfilets (à 350 g)
Salz, frisch gemahlener Pfeffer
1 Bund Frühlingszwiebeln
40 g Butter, 2 Eigelb
30 g feingeriebene Mandeln
etwa 30 g frisch geriebenes
Weißbrot
abgeriebene Schale von
1/2 unbehandelten Zitrone
200 ml Fischfond
200 ml Sahne

1. Die Filets waschen, trockentupfen und mit Salz und Pfeffer einreiben. Den Backofen auf 220° C vorheizen.
2. Frühlingszwiebeln putzen und in feine Ringe schneiden. Die Butter zerlassen und die Zwiebeln andünsten. Eigelb, Mandeln und so viel Weißbrot unterrühren, bis eine geschmeidige Masse entstanden ist. Mit Salz, Pfeffer und Zitronenschale würzen.
3. Die Filets in eine feuerfeste Form legen, mit der Masse bestreichen und mit dem Fond umgießen. Im Backofen auf der oberen Schiene 5 bis 7 Minuten überbacken. Herausnehmen und warm stellen.
4. Fond und Sahne in einer Sauteuse sämig einkochen lassen. Die Sauce getrennt zum Fisch reichen.

Pro Person:
Kalorien (kcal) 680
Eiweiß (g) 44
Fett (g) 48
Kohlenhydrate (g) 5

KABELJAU MIT KÄSEKRUSTE

Für 4 Personen
Zubereitungszeit: 20 Minuten

4 Kabeljaufilets (à 180 g)
Salz, frisch gemahlener Pfeffer
Saft von 1/2 Zitrone
50 g weiche Butter, 2 Eigelb
etwa 50 g frisch geriebenes
Weißbrot
40 g frisch geriebener
Parmesan
4 gehäutete Tomaten
1 Knoblauchzehe
1 TL Thymianblätter
2 EL Olivenöl, z. B. Olivenöl
extra virgen

1. Die Filets waschen, trockentupfen, mit Salz und Pfeffer einreiben und mit Zitronensaft beträufeln. Den Backofen auf 220° C vorheizen.
2. Butter, Eigelb, Brotbrösel und Parmesan verrühren. Mit Salz und Pfeffer würzen und die Masse auf die Fischfilets streichen.
3. Die Tomaten in kleine Würfeln schneiden und in eine flache, feuerfeste Form geben. Den Knoblauch schälen, fein hacken und mit dem Thymian und dem Öl dazugeben und vermischen.
4. Die Filets darauflegen und im Backofen auf der oberen Schiene 6 bis 8 Minuten überbacken.

Pro Person:
Kalorien (kcal) 333
Eiweiß (g) 33
Fett (g) 16
Kohlenhydrate (g) 9

GRATINIERTE JAKOBSMUSCHELN

Wegen ihrer wunderschönen Form und ihres feinen Fleisches sind Jakobsmuscheln eine beliebte Vorspeise. Bei uns sind sie auch unter den Bezeichnungen »Pilgermuschel« oder »Coquille St. Jacques« bekannt. Ihre Namen bekam die Muschel, weil sie früher fast nur in Galizien in der Nähe des Wallfahrtsortes Santiago de Compostela zu finden war, und die Pilger die leeren Schalen sammelten und als Symbol und zur Erinnerung mitnahmen.

Für 4 Personen
Zubereitungszeit: 45 Minuten

- 8 Jakobsmuscheln mit Schale
- grobes Meersalz für die Form
- 300 g junger Blattspinat
- Salz
- 1 Möhre
- 50 g Knollensellerie
- 40 g Butter
- 1 Msp gemahlener Safran oder einige Safranfäden
- 2 cl Noilly Prat
- 200 ml Sahne
- 2 Eigelb
- frisch gemahlener weißer Pfeffer
- 2 EL geschlagene Sahne

1. Muscheln, wie auf Seite 26/27 beschrieben, putzen, waschen und öffnen. Das Muschelfleisch herauslösen und dabei vom roten Corail trennen. Das Fleisch in Scheiben schneiden. Eine feuerfeste Form mit Salz ausstreuen und die unteren Schalenhälften in die Form stellen.
2. Den Spinat verlesen, waschen und in wenig Salzwasser kurz blanchieren. Auf einem Sieb abtropfen lassen. Den Backofen auf 220° C vorheizen.
3. Möhre und Sellerie schälen und in winzig kleine Würfel schneiden. 20 g Butter aufschäumen lassen und das Gemüse darin andünsten. Den Safran dazugeben, mit Noilly Prat ablöschen, mit Sahne aufgießen und sämig einkochen lassen. Von der Kochstelle nehmen, Eigelb unterziehen und mit Salz und Pfeffer würzen. Ein wenig abkühlen lassen, die geschlagene Sahne unterziehen.
4. Die restliche Butter in einer beschichteten Pfanne zerlassen und das Muschelfleisch sowie den Corail darin 1 bis 2 Minuten schwenken.
5. Spinat auf die Muschelschalen verteilen, mit dem Muschelfleisch und Corail belegen und mit der Safransauce überziehen. Im Backofen auf der oberen Schiene in wenigen Minuten überbacken.

Pro Person:
Kalorien (kcal) 315
Eiweiß (g) 7
Fett (g) 29
Kohlenhydrate (g) 4

• Wenn Sie im Fischgeschäft nur das Muschelfleisch kaufen können, dann füllen Sie die Zutaten zum Überbacken und Servieren statt in die Muschelschalen in kleine Souffléförmchen.
• Sie können die Sauce, statt sie einkochen zu lassen oder mit Eigelb zu binden, auch mit Fix-Soßenbinder hell andicken.

MIESMUSCHELN MIT KRÄUTERN ÜBERBACKEN

Die »Muscheln des kleinen Mannes« schmecken in dieser Zubereitung sicher auch jedem noch so verwöhnten Feinschmecker. Die nach Kräutern duftende Vorspeise ist preisgünstig und kann zudem schnell und gut vorbereitet werden.

Für 4 Personen
Zubereitungszeit: 30 Minuten

24 große Miesmuscheln
1/4 l Wein
2 Thymianzweige
einige schwarze Pfefferkörner
Salz
grobes Meersalz für die Form
Für die Füllung:
2 bis 4 Knoblauchzehen
2 Schalotten
4 EL Olivenöl, z. B. Olivenöl extra virgen
1 TL Kräuter der Provence
1 EL gehackte Petersilie
3 bis 4 EL frisch geriebenes Weißbrot
1 EL Cognac
Salz
frisch gemahlener Pfeffer
Cayennepfeffer

1. Die Muscheln unter fließendem kalten Wasser gründlich säubern.
2. Wein mit Thymian, Pfefferkörnern und Salz zum Kochen bringen und die Muscheln darin so lange garen, bis alle Schalen geöffnet sind. Die Muscheln mit einem Schaumlöffel aus dem Sud heben und die oberen Schalenhälften entfernen.
3. Eine feuerfeste Form mit Meersalz ausstreuen und die Muscheln in die Form setzen.
4. Knoblauch und Schalotten schälen, in Würfel schneiden und im heißen Öl andünsten. Die Kräuter dazugeben und so viel geriebenes Weißbrot unterrühren, bis eine geschmeidige Masse entstanden ist. Von der Kochplatte nehmen, den Cognac unterrühren und mit Salz, Pfeffer und Cayennepfeffer würzen. Backofen auf 220° C vorheizen.
5. Mit Hilfe von zwei Teelöffeln die Masse auf dem Muschelfleisch verteilen und auf der oberen Schiene im Backofen in wenigen Minuten goldbraun und knusprig gratinieren.

Pro Person:
Kalorien (kcal) 102
Eiweiß (g) 3
Fett (g) 8
Kohlenhydrate (g) 3

• Dazu paßt ein fruchtiger Roséwein, z. B. Côte de Provence.
• Richtet man die Muscheln auf blanchierten Spinatblättern an, sieht das nicht nur besonders appetitlich aus, der Spinat ist zugleich eine schmackhafte Beilage.
• Man kann die Muscheln natürlich auch unter einem Grill gratinieren.

FISCH GEGRILLT UND GERÄUCHERT

Frisch vom Holzkohlengrill sind Makrelen, Sardinen, Hummer oder Garnelen ein unvergleichbarer Genuß. Ein echter Leckerbissen sind auch frisch geräucherte Fische. Wer kann da noch widerstehen?

FISCHE UND MEERESFRÜCHTE VOM GRILL

Auf sommerlichen Grillparties werden Würstchen, Koteletts & Co. immer mehr von Fischen und Krustentieren verdrängt. Kommen die Fische im Ganzen auf den Holzkohlengrill, bewahrt die Haut das Fleisch vor dem Austrocknen. Filets oder Portionsstücke umwickelt man besser mit Alufolie! Bei schlechtem Wetter oder im Winter ist der elektrische Haushaltsgrill eine echte Alternative.

Für 6 bis 8 Personen
Zubereitungszeit: 30 Minuten
Marinierzeit: 2 Stunden

Für die Sardinen:
- 12 mittelgroße Sardinen
- 1 Knoblauchzehe
- 1/2 Pfefferschote
- 100 ml Olivenöl, z. B. Olivenöl extra virgen
- Salz, frisch gemahlener Pfeffer
- je 1 Salbei-, Rosmarin- und Thymianzweig

Für die Riesengarnelen:
- 12 Riesengarnelen in der Schale
- 2 Knoblauchzehen
- 1 Bund glatte Petersilie
- 2 Oreganozweige
- 1/8 l Olivenöl, z. B. Olivenöl extra virgen
- Saft von 1 Zitrone

Für den Rotbarsch:
- 400 g Rotbarschfilet
- Salz
- frisch gemahlener Pfeffer
- Saft von 1/2 Zitrone
- 4 Basilikumzweige
- 2 Schalotten
- 2 gehäutete Tomaten
- 2 EL Olivenöl, z. B. Olivenöl extra virgen

1. Die Sardinen, wie auf Seite 24 beschrieben, ausnehmen, waschen und trockentupfen.
2. Knoblauch und Pfefferschote fein hacken und mit dem Öl verrühren. Mit Salz und Pfeffer würzen. Sardinen mit dem Öl übergießen und mit den Kräutern mindestens 2 Stunden marinieren lassen. Dabei die Fische gelegentlich wenden.
3. Riesengarnelen waschen, den Kopf abdrehen, Schwanz längs halbieren und den Darm entfernen. Knoblauch, Petersilie und Oregano fein hacken und mit Öl und Zitronensaft verrühren. Über die Garnelen gießen und etwa 30 Minuten marinieren lassen.
4. Rotbarschfilet waschen, trockentupfen und in 4 gleichgroße Stücke schneiden. Mit Salz und Pfeffer würzen und mit Zitronensaft beträufeln. Basilikum fein hacken, die Schalotten schälen und wie die Tomaten in kleine Würfel schneiden, alles vermischen.
5. Vier entsprechend große Stücke Alufolie mit Öl bepinseln. Die Fischstücke darauflegen, mit der Tomatenmischung belegen und locker mit Folie umwickeln.
6. Auf dem Holzkohlengrill oder unter dem elektrischen Haushaltsgrill die Sardinen pro Seite 3 bis 5 Minuten grillen. Die Garnelen 4 bis 6 Minuten auf der Schalenseite, auf der Fleischseite höchstens 2 Minuten grillen. Das Filet in 5 bis 7 Minuten gar werden lassen.

Pro Person (bei 6 Personen):
Kalorien (kcal) 226
Eiweiß (g) 19
Fett (g) 14
Kohlenhydrate (g) 3

Fische marinieren
Werden Fische vor dem Grillen mariniert, sind sie besonders schmackhaft und saftig: Sardinen vorbereiten. Knoblauch und Pfefferschote fein hacken, mit dem Öl verrühren und würzen. Die Sardinen mit den Kräutern darin mindestens 2 Stunden marinieren. Dabei gelegentlich wenden.

Krustentiere marinieren
Krustentiere grillt man immer mit der Schale. Vorheriges Marinieren verstärkt den Geschmack: Knoblauch, Petersilie und Oregano fein hacken und mit Öl und Zitronensaft verrühren. Über die Garnelen gießen und etwa 30 Minuten marinieren.

Fische in Alufolie
Rotbarschfilet portionieren, würzen und mit Zitronensaft beträufeln. Basilikum hacken, Schalotten und Tomaten in kleine Würfel schneiden und alles vermischen. Alufolie mit Öl bepinseln, den Fisch darauflegen, mit der Tomatenmischung belegen und das Filet locker mit Folie umwickeln.

Grillen auf dem Holzkohlengrill
Den Holzkohlengrill so lange vorheizen, bis die Kohlen von einer weißlichen Ascheschicht überzogen sind. Eventuell würzende Kräuter in die Glut streuen, diese machen den Fisch noch aromatischer. Je größer und dicker der Fisch ist, umso größer muß der Abstand zur Glut sein.

Grillen im Elektrogrill
Den Grill vorheizen, bis die richtige Temperatur erreicht ist. Den Rost gut einölen. Auch hier gilt: Je größer und dicker das Grillgut ist, umso größer muß der Abstand zum Grill sein. Die Hitze kann hier zwar exakt reguliert werden, dafür entwickelt das Gargut aber weniger Aroma.

GEGRILLTER THUNFISCH MIT KRÄUTERN

Für 4 Personen
Zubereitungszeit: 20 Minuten

- 4 Thunfischkoteletts (à 180 g), am besten vom Schwanzstück
- Saft von 1 Zitrone
- 6 EL Olivenöl, z. B. Olivenöl extra virgen
- 1 EL Rosmarin
- 2 EL gehackte Petersilie
- Salz
- frisch gemahlener Pfeffer

1. Die Thunfischkoteletts waschen und trockentupfen. Den Grill vorheizen.
2. Zitronensaft, Öl, Rosmarin und Petersilie verrühren und mit Salz und Pfeffer würzen.
3. Die Thunfischkoteletts mit der Marinade beträufeln und etwa 6 bis 7 Minuten pro Seite grillen. Mit Grilltomaten und geröstetem Weißbrot servieren.

Pro Person:
Kalorien (kcal) 353
Eiweiß (g) 45
Fett (g) 16
Kohlenhydrate (g) 1

GEGRILLTE HERINGE

Für 4 Personen
Zubereitungszeit: 20 Minuten
Marinierzeit: 30 Minuten

- 12 mittelgroße Heringe
- Salz
- frisch gemahlener Pfeffer
- 6 bis 8 gemahlene Korianderkörner
- 1 Knoblauchzehe
- 5 EL Olivenöl, z. B. Olivenöl extra virgen
- Saft von 1 Orange

1. Heringe, wie auf Seite 24 beschrieben, ausnehmen, waschen und trockentupfen. Mit Salz, Pfeffer und Koriander würzen.
2. Knoblauch sehr fein hacken und mit Öl und Orangensaft verrühren. Die Fische darin etwa 30 Minuten marinieren lassen. Den Grill vorheizen.
3. Die Heringe auf jeder Seite 4 bis 5 Minuten grillen und sofort servieren.

Pro Person:
Kalorien (kcal) 321
Eiweiß (g) 57
Fett (g) 7
Kohlenhydrate (g) 1

KRÄUTERMAKRELE IN FOLIE

Für 4 Personen
Zubereitungszeit: 30 Minuten

4 Makrelen (à 400 g)
Salz
frisch gemahlener Pfeffer
1 Bund gemischte Frühlingskräuter (z. B. Petersilie, Kerbel, Dill, Basilikum)
2 Knoblauchzehen
1/2 Pfefferschote
100 g weiche Butter
Saft von 1 Zitrone

1. Die Makrelen, wie auf Seite 24/25 beschrieben, filetieren. Die Filets mit Salz und Pfeffer würzen. Vier ausreichend große Stücke Alufolie mit je einem Makrelenfilet belegen. Den Grill vorheizen.
2. Kräuter, Knoblauch und Pfefferschote fein hacken und mit Butter sowie Zitronensaft verrühren. Auf die Filets streichen und mit den restlichen Filets bedecken. Locker mit der Folie umwickeln und 10 bis 12 Minuten grillen.

Pro Person:
Kalorien (kcal) 538
Eiweiß (g) 83
Fett (g) 18
Kohlenhydrate (g) 1

GEGRILLTER HUMMER

Für 4 Personen
Zubereitungszeit: 30 Minuten

3 l Wasser
1 Lorbeerblatt
je 1 Thymian-, Rosmarin- und Petersilienzweig
Salz
2 Hummer oder Langusten (à 600 bis 700 g)
1 Knoblauchzehe
5 EL Olivenöl, z. B. Olivenöl extra virgen
frisch gemahlener Pfeffer

1. Wasser mit Kräutern und Salz zum Kochen bringen und die Hummer oder Langusten mit dem Kopf nach unten hineingeben. Kurz kochen lassen, dann aus dem Sud nehmen. Längs halbieren und Corail sowie Innereien entfernen (siehe auch Seite 32/33). Den Grill vorheizen.
2. Knoblauchzehe zerdrücken und mit Öl, Salz und Pfeffer verrühren. Den Grillrost damit einpinseln und die Hummer- oder Langustenhälften mit den Schnittflächen nach unten darauflegen. 4 bis 5 Minuten grillen, dann wenden, mit Öl bestreichen und weitere 3 bis 5 Minuten grillen.

Pro Person:
Kalorien (kcal) 165
Eiweiß (g) 22
Fett (g) 6
Kohlenhydrate (g) 2

FISCHALLERLEI IN DER FOLIE GEGART

Alufolie schützt das zarte Fischfleisch vor zu großer Hitze, das Grillgut wird unvergleichlich saftig, und zugleich hält die Folie den Grill sauber. Es ist also die Garmethode für Leute von heute, die wenig Zeit zum Kochen und Abwaschen haben und dennoch auf Genuß nicht verzichten wollen.

Für 4 Personen
Zubereitungszeit: 20 Minuten

200 g Lachsfilet
200 g Seezungenfilet
200 g Rotbarschfilet
8 ausgelöste Garnelen
Saft von 1 Zitrone
2 kleine Zucchini
100 g Champignons
2 Fleischtomaten
1 Knoblauchzehe
2 Schalotten
4 EL Olivenöl, z. B. Olivenöl extra virgen
Salz
frisch gemahlener Pfeffer
1 Bund gemischte Frühlingskräuter (z. B. Petersilie, Kerbel, Dill, Basilikum)

1. Fischfilets und Garnelen waschen und trockentupfen. Die Fischfilets in große Würfel schneiden, mit den Garnelen in eine Schüssel geben und mit Zitronensaft beträufeln. Den Grill vorheizen.
2. Zucchini und Champignons waschen und in kleine Würfel schneiden. Die Tomaten blanchieren, häuten, entkernen und in kleine Würfel schneiden. Knoblauch und Schalotten schälen und fein hacken.
3. Alles zu der Fischmischung geben, Öl untermischen und auf vier ausreichend große Stücke extra-starke Alufolie verteilen. Mit Salz und Pfeffer würzen, die Kräuter grob zerkleinern und darüberstreuen. Alles locker mit der Folie umwickeln und die Ränder gut zusammendrücken.
4. Die Päckchen 8 bis 10 Minuten grillen. Fischallerlei in der Folie servieren und erst bei Tisch die Päckchen öffnen.

Pro Person:
Kalorien (kcal) 256
Eiweiß (g) 34
Fett (g) 9
Kohlenhydrate (g) 4

• Natürlich sind die Fischfilets austauschbar! Entscheiden Sie sich einfach nach dem Angebot Ihres Fischhändlers.
• Dazu passen Folienkartoffeln und Sauce Tatar oder mit Zitronensaft, Salz und Pfeffer gewürzte Crème fraîche!

HEILBUTTKOTELETTS VOM GRILL AUF ASIATISCHE ART

Der größte aller Plattfische kommt fast nur filetiert oder mit der Mittelgräte in Koteletts geschnitten in den Handel. Diese eignen sich ganz hervorragend zum Grillen, da das Fischfleisch, wenn man es mit den Gräten gart, wesentlich saftiger bleibt.

Für 4 Personen
Zubereitungszeit: 20 Minuten
Marinierzeit: etwa 2 Stunden

- 4 Heilbuttkoteletts (à 180 g)
- 4 EL Keimöl
- 4 EL Sojasauce
- 4 EL Reiswein oder Fino-Sherry
- 1 EL frisch geriebene Ingwerwurzel
- 1/2 rote Pfefferschote, feingehackt
- 1 Spritzer Tabasco-Sauce
- 1 EL Austernsauce
- 1 EL Curry
- 1 Msp gemahlener Koriander
- 1 Msp gemahlener Kreuzkümmel

Außerdem:

- 1 frische Ananas
- 1 TL Curry
- 2 EL Keimöl

1. Die Fischkoteletts waschen und trockentupfen.
2. Öl, Sojasauce und Reiswein oder Sherry verquirlen. Alle Gewürze dazugeben und zu einer Marinade verrühren.
3. Die Heilbuttkoteletts mit der Marinade bestreichen, in einer Form übereinanderlegen, abdecken und mindestens 2 Stunden marinieren lassen. Den Grill vorheizen.
4. Die Ananas schälen, die dunklen Augen entfernen und die Frucht quer in Scheiben schneiden. Die harten Mittelstücke, falls nötig, mit einem Fruchtentkerner ausstechen. Die Fruchtscheiben mit einer Mischung aus Öl und Curry bestreichen.
5. Den Grillrost einölen, die Heilbuttkoteletts darauflegen und pro Seite 4 bis 5 Minuten grillen. Die Ananas pro Seite 2 bis 4 Minuten grillen und mit dem Heilbutt servieren.

Pro Person:
Kalorien (kcal) 344
Eiweiß (g) 43
Fett (g) 13
Kohlenhydrate (g) 6

Auch festfleischige Schwertfisch- oder Thunfischkoteletts schmecken, auf diese Weise mariniert und gegrillt, köstlich.

GERÄUCHERTER WALLER

Wer schon einmal einen noch warmen, frisch geräucherten Fisch aus dem Räucherofen gegessen hat, versteht, warum gerade diese Garmethode von Feinschmeckern immer mehr geschätzt wird. Fisch selbst zu räuchern, ist kinderleicht, vor allem wenn man einen kleinen Räucherofen hat. Das dazu benötigte Räuchermehl gibt es in Anglerfachgeschäften.

Für 4 Personen
Zubereitungszeit: 40 Minuten

- 800 g Wallerfilet
- Salz
- frisch gemahlener Pfeffer
- 2 TL gerebelter Thymian
- Saft von 1/2 Zitrone
- Räuchermehl
- 3 EL Keimöl

1. Das Wallerfilet waschen, trockentupfen und in 3 bis 4 cm breite Stücke schneiden. Mit Salz, Pfeffer und 1 TL Thymian würzen. Mit Zitronensaft beträufeln.

2. Den Räucherofen nach Gebrauchsanleitung vorheizen. Das Räuchermehl mit dem restlichen Thymian vermischen und in den dafür vorgesehenen Behälter geben.

3. Öl in einer Pfanne erhitzen und das Filet darin pro Seite 2 Minuten anbraten. Auf einen Rost legen und im Räucherofen etwa 15 bis 20 Minuten räuchern.

4. Wer keinen Räucherofen besitzt, räuchert den Fisch auf einem Gittereinsatz in einem Wok oder Topf: Das Räuchermehl mit dem restlichen Thymian erhitzen, bis sich Rauch entwickelt. Dann das angebratene Filet auf einem Gitter in den Wok oder Topf setzen und zugedeckt bei mittlerer Hitze etwa 15 bis 20 Minuten räuchern. Mit einem Salat nach eigener Wahl servieren.

Pro Person:
Kalorien (kcal) 267
Eiweiß (g) 48
Fett (g) 5
Kohlenhydrate (g) 0

Fisch anbraten
Das Filet in Stücke schneiden, würzen und mit Zitronensaft beträufeln. Im heißen Öl auf jeder Seite 2 Minuten scharf anbraten. Das Fischfleisch muß leicht gebräunt sein.

Räuchern im Räucherofen
Den Räucherofen vorheizen, dabei das Räuchermehl mit den Kräutern in den dafür vorgesehenen Behälter füllen. Das Filet mindestens 15 bis 20 Minuten räuchern.

Räuchern im Wok oder Topf
Räuchermehl und Kräuter erhitzen, bis sich Rauch entwickelt. Die Hitze reduzieren und die Fische auf einem Gitter zugedeckt mindestens 15 bis 20 Minuten räuchern.

- Exakte Zeiten für das Räuchern in einem Räucherofen sind nur schwer anzugeben, da es sehr unterschiedliche Öfen gibt. Achten Sie auf die Gebrauchsanweisung!
- Beim Räuchern im Wok oder im Topf ist vorheriges Anbraten unbedingt ratsam. Die Fische garen nicht im Rauch, sondern nehmen nur den würzigen Geschmack an!

GERÄUCHERTE SAIBLINGE

GERÄUCHERTER LACHS

Für 4 Personen
Zubereitungszeit:
1 bis 2 Stunden
Marinierzeit: mindestens
24 Stunden

- 2 größere Saiblinge (à 800 g)
- 2 EL Salz
- frisch gemahlener Pfeffer
- 1 TL Zucker
- etwa 10 Wacholderbeeren
- je 2 Rosmarin- und Thymianzweige
- Räuchermehl, am besten aus Wacholderholz

1. Fische waschen, trockentupfen und mit Salz, Pfeffer, Zucker und 2 bis 3 zerdrückten Wacholderbeeren einreiben.

2. In jede Bauchhöhle je 1 Thymian- und Rosmarinzweig legen. Die Fische abdecken, kühl stellen und mindestens 1 Tag marinieren lassen.

3. Räuchermehl und restliche Wacholderbeeren in den dafür vorgesehenen Behälter geben und das Gerät vorheizen.

4. Die Fische mit der Bauchöffnung nach oben in einen speziellen Ständer des Räucherofens setzen. Die Räucherzeit richtet sich nach den Angaben auf dem Gerät.

Pro Person:
Kalorien (kcal) 579
Eiweiß (g) 103
Fett (g) 11
Kohlenhydrate (g) 0

Für 4 Personen
Zubereitungszeit: 15 Minuten
Marinierzeit: etwa 12 Stunden

- 800 g Lachsfilet
- Salz
- frisch gemahlener weißer Pfeffer
- etwas gemahlener Koriander
- 1/2 TL Zucker
- Saft von 1/2 Zitrone
- 2 EL Keimöl
- Räuchermehl
- einige Korianderkörner

1. Das Filet waschen, trockentupfen und in 3 cm breite Streifen schneiden. Mit Salz, Pfeffer, Koriander und Zucker einreiben und mit Zitronensaft beträufeln. Abdecken und mindestens 12 Stunden marinieren lassen.

2. Öl in einer Pfanne erhitzen und die Lachsstreifen darin auf jeder Seite 2 Minuten braten.

3. Räuchermehl und Korianderkörner in einem Wok erhitzen, bis sich Rauch entwickelt. Dann den Lachs auf einem Gitter hineinsetzen und zugedeckt etwa 10 bis 15 Minuten räuchern.

Pro Person:
Kalorien (kcal) 473
Eiweiß (g) 43
Fett (g) 29
Kohlenhydrate (g) 0

KÜCHENLEXIKON

Aceto Balsamico (ital.): Berühmter Balsamessig aus Modena, der über Jahrzehnte in alten Weinfässern heranreift. Dabei bekommt er eine braune Farbe, verliert jede agressive Schärfe und entwickelt ein volles, würziges Aroma. Im Handel wird meist ein Verschnitt angeboten.

Al dente (ital.): Gemüse und vor allem Teigwaren so garen, daß sie noch einen »leichten Biß« haben.

Algen: Einfache, im Wasser lebende Pflanzen (z. B. Salicorne, Kombu oder Nori), die vor allem in der asiatischen und japanischen Küche verwendet werden.

Amontillado-Sherry: Weiterentwicklung des Fino-Sherrys, etwas dunkler und vollmundiger im Geschmack, bernsteinfarben, wird bei Zimmertemperatur getrunken.

Arborioreis: Neben Vialonereis der bekannteste klassische Risottoreis. Dickliche, große Körner, die breiartig verkochen, aber dennoch ihren Biß behalten.

Backen: Garen und Bräunen in heißer Luft.

Béchamelsauce (Sauce Béchamel): Helle, gebundene Grundsauce, die aus einer hellen Mehlschwitze unter Mitverwendung von Milch zubereitet wird.

Beizen: Lebensmittel werden in Marinaden aus Essig, Rotwein oder Buttermilch mit zahlreichen Gewürzen und Zwiebel eingelegt. Der Geschmack der Lebensmittel wird abgewandelt oder gemildert, das Fischfleisch wird mürbe (s. a.: Marinieren).

Blanchieren: Lebensmittel kurz in Salzwasser kochen oder vor dem Weiterverarbeiten mit heißem Wasser übergießen, danach evtl. in kaltem Wasser abschrecken.

Blaukochen: Frische, vorsichtig ausgenommene Fische werden ungeschuppt in Essigwasser pochiert. Die Schleimschicht färbt sich blau. Eine blauschwarze Verfärbung wird verhindert, indem der gegarte Fisch sofort mit zerlassener Butter bestrichen wird.

Braisieren: Schmoren.

Braten: Garen und Bräunen in heißem Fett im offenen Topf.

Chutney: Früchte und Gemüse werden mit Kräutern und Gewürzen eingekocht und hauptsächlich in der ostindischen Küche kalt als Beilage serviert.

Cilantro: Frisches Grün der Korianderpflanze, auch Chinesische Petersilie genannt. Das Grün gehört in viele exotische Gerichte. Beim Trocknen verliert es sein Aroma, läßt sich jedoch gut einfrieren.

Cognac: Qualitätsbranntwein aus Frankreich mit einem Mindestalkoholgehalt von 40 Vol.%; ausschließlich aus Weinen aus der Charente an der Atlantikküste; unterliegt strengen Vorschriften wie dem Doppelbrenngang, einer Mindestlagerung von 3 1/2 Jahren in einer bestimmten Faßart.

Crème fraîche: Dickflüssiger Sauerrahm mit 30 % Fettanteil; es werden auch Dickungsmittel zugesetzt.

Curry: Indische Gewürzmischung aus mindestens 12 feingemahlenen Ingredienzen. Auch: Bezeichnung für ostasiatische Gerichte, die mit Curry bzw. einer Currypaste gewürzt werden.

Dämpfen: Garen in Wasserdampf in einem geschlossenen Topf mit besonderem Sieb- oder Gittereinsatz.

Denaturieren: Die in Lebensmitteln enthaltenen Eiweißstoffe verändern – meistens durch zu große Hitze – ihre Struktur und Eigenschaften, sie flocken aus bzw. gerinnen.

Dijon-Senf: Scharfer französischer Senf aus nicht entölten schwarzen oder braunen Senfkörnern.

Dressieren: Lebensmittel vor dem Braten, Kochen oder Grillen in eine gefällige Form bringen. Ein Herausquellen der Füllung wird verhindert.

Dünsten: Garen in wenig Flüssigkeit, Fett oder im eigenen Saft bei geringer Temperatur.

Dunst (Doppelgriffiges Mehl): Dieses Mehl hat eine etwas körnigere Beschaffenheit als das häufig verwendete Weizenmehl Type 405. Es ist, entsprechend dem Ausmahlungsgrad der Getreidekörner, in seiner Feinheit zwischen Grieß und Mehl einzuordnen.

Entfetten: Abschöpfen der Fettschicht von Brühen, Saucen, Fonds. Dafür die Flüssigkeit abkühlen lassen, das erstarrte Fett kann dann abgenommen werden. Oder: Das Fett bei heißer Flüssigkeit mit einem großen Löffel oder Küchenpapier abnehmen.

Farce: Fisch, Krustentiere, Gemüse, Fleisch usw. feingehackt, durch den Wolf gedreht oder püriert, mit Rahm und Eiern gebunden und mit Butter sowie Gewürzen verfeinert. Sie kann mit Weißbrot gelockert werden und dient zum Füllen von Fischen, Pasteten, usw.

Filetieren, auch filieren: Die Filets aus Gräten und Knochen lösen. Auch: Segmente von Zitrusfrüchten aus den Trennhäuten lösen.

Fino-Sherry: Spanischer trockener Sherry von heller Farbe mit leicht bitterem, sehr feinem Geschmack.

Fond: Konzentrat mit allen Geschmacksstoffen, das beim Kochen, Dünsten und Braten der Speisen gewonnen wird. Basis einer jeden guten Sauce.

Fritieren: In 180° C heißem Fett schwimmend ausbacken bzw. bräunen.

Gelatine: Gelierstoff, der aus dem tierischen Eiweißstoff Kollagen gewonnen und für die Zubereitung von Gelees und Cremes verwendet wird. Gelatine wird in Blatt- oder Pulverform angeboten.

Gin (engl.): Ursprüglich aus Irland stammender Branntwein, der mit Wacholder und anderen Gewürzen aus Getreide hergestellt wird; mindestens 38 Vol.%.

Glasieren: Dem Gericht wird eine glänzende Oberfläche gegeben. Fisch, Fleisch und Wild werden mit Glace bestrichen bzw. mit dem eigenen Fett übergossen. Gebäck und Torten werden mit Aprikosenmarmelade überzogen.

Gratinieren: Überbacken bei starker Oberhitze, bis eine braune Kruste entstanden ist.

Grillen: Garen mit oder ohne Fettzugabe durch Strahlungshitze oder Kontakthitze.

Holländische Sauce (Sauce Hollandaise)**:** Eigelb und geklärte Butter werden im Wasserbad aufgeschlagen; die Sauce wird mit Wein, Zitronensaft, Salz und Pfeffer verfeinert.

Ingwer: Wurzelstock einer Gewürzlilie, die hauptsächlich in Indien wächst. Wird frisch oder getrocknet angeboten. Ingwer ist reich an ätherischen Ölen und besitzt einen fruchtig-scharfen Geschmack.

Julienne: Feingeschnittenes streifenförmiges Gemüse in Streichholzlänge. Von Zitrusfrüchten werden mit einem Julienneschneider feine Streifen von der Schale abgezogen.

Kapern: In Handarbeit geerntete geschlossene Blütenknospen des im Mittelmeerraum beheimateten Kapernstrauches. Nach der Ernte werden die Kapernfrüchte nach kurzem Welken gesalzen und teilweise in Essig oder Öl eingelegt. Kapern müssen immer in der Marinade und geschlossen aufbewahrt werden.

Keimöl: Ein hochwertiges, geschmacksneutrales Keimöl wie z. B. Mazola ist in der feinen Fischküche zum Braten, Schmoren und Sautieren zu empfehlen. Mazola Keimöl hat einen hohen Gehalt an Keimwirkstoffen, insbesondere die mehrfach ungesättigte Linolsäure und Vitamin E. Es ist cholesterinfrei und gut bekömmlich. Um die wertvollen Inhaltsstoffe zu schützen, wird Keimöl mit größter Sorgfalt gewonnen, d.h. aus frisch freigelegten Keimen gepreßt, schonend gereinigt und luftdicht in Glasflaschen abgefüllt.

Klären: Flüssigkeiten von allen Trübstoffen befreien. Dazu Eiweiß vom Hühnerei oder feinzerhacktes Fischfleisch in die heiße Flüssigkeit einrühren, damit das gerinnende Eiweiß alle Partikel bindet und sich an der Oberfläche absetzt. Abschöpfen und die noch heiße Flüssigkeit durch ein Tuch seihen. Butter erhitzen, sich bildenden Schaum entfernen und die Butter vorsichtig ohne den eiweißhaltigen Bodensatz abgießen.

Kochen: Garen in reichlich siedender Flüssigkeit.

Kombu (japan.)**:** Braunalge, die getrocknet und gemahlen als Würzmittel verwendet wird (hoher Glutamatgehalt), als Suppengrundlage dient oder zu Fisch- und Fleischgerichten gegessen wird.

Legieren: Sämigmachen von Suppen und Saucen durch Zugabe von Eigelb oder auch Sahne. Danach nur noch vorsichtig erwärmen, da sonst die Eiweißstoffe denaturieren.

Marinieren: Lebensmittel in eine Marinade einlegen und darin ziehen lassen. Das Fleisch wird aromatisiert, die Haltbarkeit und Struktur verbessert sich (s. a.: Beizen).

Meersalz: Zum Verzehr geeignetes Salz, das durch Verdunsten aus Meerwasser gewonnen wird. Es enthält zahlreiche Spurenelemente, die in ihrer Zusammensetzung dem menschlichen Bedarf an essentiellen (lebensnotwendigen) Spurenelementen jedoch nicht entsprechen.

Montieren: Suppen oder Saucen werden durch Schlagen mit einem Schneebesen unter Zugabe kalter Butterflöckchen gebunden.

Noilly Prat: Französischer Wermutwein; Aperitif.

Nori-Blätter: Papierähnlich getrocknete Meeralgen von dunkelroter Farbe. Sie werden eingeweicht, zerkleinert und unter Gerichte gemischt, damit diese ein kräftiges Meeraroma erhalten. Sie werden auch fritiert und als Beilage oder Vorspeise angeboten.

Olivenöl: Das vollfruchtige Aroma und der harmonische Geschmack des Olivenöls, z. B. Mazola Olivenöl extra virgen, geben Fischgerichten eine besondere Note. Frisch geerntete, sonnengereifte Oliven der Region um Córdoba werden auf traditionelle Art kaltgepreßt und das Olivenöl gasdicht in lichtschützenden Grünflaschen abgefüllt. Auf diese Weise werden wertvolle Inhaltsstoffe wie die reichlich enthaltenen, ungesättigten Fettsäuren optimal geschützt.

Oloroso-Sherry: Schwerer, körperreicher Sherry von dunkelbrauner Farbe mit einem ausgeprägt nussigen Aroma.

Panieren: Verschiedenste Lebensmittel werden mit Mehl, Eigelb und Semmelbröseln überzogen und in heißem Fett ausgebacken. Die Panade wird knusprig gebraten, das Bratgut bleibt saftig.

Parieren: Fisch und Fleisch von Haut, Fett und Sehnen befreien und sauber zurechtschneiden.

Passieren: Flüssigkeiten durch ein Sieb gießen, um nicht erwünschte Stoffe zurückzubehalten. Es werden auch Massen durch ein Sieb gestrichen, um eine besondere Konsistenz zu erhalten.

Pfannenrühren: Gartechnik in der chinesischen Küche. In feine Streifen oder Würfel geschnittene Zutaten werden im Wok bei sehr starker Hitze in Öl portionsweise schnell angebraten bzw. gerührt. Dadurch schließen sich die Poren der Zutaten rasch. Aroma, Farbe und Saft bleiben erhalten, Gemüse behält den Biß.

Pochieren (Garziehen)**:** Garen knapp unter dem Siedepunkt, besonders bei sensiblem Kochgut wie Fisch, Austern, Bries, Eiern, Geflügel, usw.

Räuchermehl: Feines Sägemehl von Buche, Eiche, Erle oder Wacholder, das in einen Räucherofen, Wok oder Topf gegeben wird und dem Räuchergut, z. B. Fisch, durch die Rauchentwicklung ein besonderes Aroma verleiht.

Reduzieren: Einkochen, verringern einer Flüssigkeitsmenge durch leichtes Kochen.

Reispapier: Hauchdünne getrocknete oder tiefgekühlte Blätter aus Reismehl. Getrocknete Teigblätter müssen eingeweicht werden, tiefgekühlte Blätter können sofort um Fisch, Fleisch oder Gemüse gewickelt und dann gedämpft, fritiert oder roh gegessen wird.

Safran: Die Narben der Blüten des Safrankrokus werden getrocknet und als orangerote Fäden oder gemahlen angeboten. Safran verleiht dem Gericht einen typischen Geschmack und färbt es gelb.

Saucen binden: Das Binden von Saucen kann auf verschiedene Arten erfolgen, z. B. mit Mehl oder Speisestärke. Moderner und einfacher ist das Binden mit Mondamin Fix-Soßenbinder. Dieses Saucenbindemittel auf der Basis von Stärke und Reismehl bindet verzögert: Diese Stärke quillt und verkleistert langsamer als reine Speisestärke oder Mehl. Deshalb kann Fix-Soßenbinder als trockenes Produkt – ohne Anrühren – direkt in die kochende Flüssigkeit eingestreut werden, ohne daß Klümpchen entstehen. Kochzeit: 1 Minute.

Schweinenetz: Die weiche fetthaltige Falte des Bauchfells wird gewässert, trockengetupft und zum Umwickeln von Nahrungsmitteln verwendet, die ihre Form behalten oder nicht austrocknen (z. B. magerer Fisch) sollen; wird beim Grillen, Braten oder Backen knusprig braun.

Sherry: Aperitif-Wein mit 16 bis 22 Vol.% Alkohol. Durch die längere Lagerung bei hohen Temperaturen erhält der Sherry einen herben, leicht bitteren Geschmack und ein nussiges Aroma. Man unterscheidet zwischen mehreren Typen; die bekanntesten sind Fino-, Amontillado- und Oloroso-Sherry.

Speisestärke: Feine Speisestärke, z. B. Mondamin, wird gerne in der chinesischen Fischküche zum Marinieren eingesetzt, da sie im Gegensatz zu Mehl geschmacksneutral ist und der Speise den Eigengeschmack beläßt. Verrührt mit Sojasauce, Sherry oder Öl, überzieht sie das Fischfleisch wie einen feinen Film, und es bleibt zart und saftig.

Sud: Kochflüssigkeit, die durch verschiedene Gewürze und andere Zutaten aromatisiert wird. Lebensmittel, z. B. Fische, werden darin pochiert und erhalten dadurch ein entsprechendes Aroma.

Tournieren: Gemüse wird in gleichmäßige, dekorative Formen zurechtgeschnitten.

Tranchieren: Fisch zerlegen, entgräten und in Filets teilen, damit er serviert werden kann.

Wasabi (japan.): Sehr scharfer grüner Meerrettich, der in Pulverform mit etwas Wasser angerührt werden muß oder aus der Tube sofort verwendet werden kann. Wasabi gibt es auch eingelegt und abgepackt in Asienläden zu kaufen.

Wasserbad (Bain-marie): In einen Topf mit wenig siedendem Wasser wird ein zweiter Topf oder eine spezielle Metallschüssel gehängt oder gestellt, die nur durch den Dampf bzw. das heiße Wasser erhitzt wird; empfindliche Cremes und Saucen werden darin aufgeschlagen.

Wok: Pfanne mit hochgezogenem Rand und gerundetem Boden aus unterschiedlichen Materialien; ermöglicht das Anbraten und Warmhalten in einem Topf; wird in der chinesischen Küche vor allem zum Pfannenrühren verwendet.

Worcestersauce: Würzsauce mit intensivem Aroma aus Tamarindensaft und zahlreichen Gewürzen.

Zeste: Hauchdünn abgeschälte Schale von Zitrusfrüchten, in feine Streifen geschnitten (s. a.: Ziselieren, Julienne).

Ziselieren: Gemüse wird mit einem Spezialmesser (Zestenreißer oder Julienneschneider) in hauchdünne Streifen geschnitten; von Zitrusfrüchten werden von der Schale feine Streifen abgezogen (s. a.: Julienne). Auch: Leichtes Einschneiden von kleinen Fischen, um ein Platzen während des Garens zu verhindern.

ALPHABETISCHES REZEPTREGISTER

SACHREGISTER

Kalte und warme Vorspeisen

Suppen und Eintöpfe

Fisch mit Nudeln und Reis

Fisch gedämpft, gekocht und geschmort

Fisch aus Pfanne und Wok

Fisch aus dem Backofen

Grillen und Räuchern

Pete A. und Susi Eising betreiben seit 1979 gemeinsam ein Fotostudio in München. Seit vielen Jahren haben sie sich auf das Gebiet Essen und Trinken spezialisiert und zählen heute zu den führenden Foodfotografen Deutschlands.

Monika Kellermann ist Ernährungsberaterin und arbeitet seit Jahren als freie Foodjournalistin und Buchautorin. Sie verfaßte für die »Reihe mit dem Löffel« bereits die Bücher GEMÜSE, VORSPEISEN, GEFLÜGEL, FLEISCH, SALATE und DESSERTS.
Monika Kellermann lebt bei München.